10,000 Lettres d'impression pour I centime.

BIBLIOTHÈQUE POUR TOUS

ILLUSTRÉE

ROMANS, HISTOIRE, VOYAGES, LITTÉRATURE, SCIENCES, ETC.

CHAQUE OUVRAGE COMPLET : **50** CENTIMES.

LA
TOUR DU DIABLE

LE CHATEAU DE CROÏAT — LA JOUTE BRETONNE

PAR PAUL FÉVAL

Prix : 50 centimes

60 CENTIMES POUR LES DÉPARTEMENTS ET L'ÉTRANGER.

PARIS

LÉCRIVAIN ET TOUBON, LIBRAIRES, RUE DU PONT-DE-LODI, 5

ET CHEZ TOUS LES LIBRAIRES DE PARIS, DES DÉPARTEMENTS ET DE L'ÉTRANGER.

Nº 97. — Publié par J. Lemer.

BIBLIOTHÈQUE POUR TOUS

LA TOUR DU DIABLE

LE CHATEAU DE CROÏAT — LA JOUTE BRETONNE

PAR PAUL FÉVAL

LE CHATEAU DE CROÏAT

I.

L'OCTOGÉNAIRE.

En 1813, par une froide soirée d'hiver, vingt à trente paysans bretons se pressaient autour de l'immense chemi-née, dans la salle basse du vieux château de Croïat.

Ils semblaient fatigués et mécontents.

La journée entière s'était passée à battre le pays, et leurs vêtements, trempés de pluie, couverts de boue, témoignaient assez qu'ils n'avaient pas épargné leurs peines.

Cependant, au lieu du bon repas qu'ils étaient en droit d'attendre, on venait de leur annoncer une expédition noc-turne.

Et c'étaient de grandes doléances sous le haut de la chemi-née, car la soirée était froide.

Chacun songeait tristement au souper promis et retardé.

Voici ce qui tenait ainsi sur pied les domestiques et tenan-ciers du manoir.

Anne Moustier, la jolie fille du propriétaire de Croïat, n'avait point reparu au château depuis la veille au soir : on avait fait, pour la retrouver, des recherches qui toutes avaient été vaines.

Un jeune homme, Charles Bernard, élevé par M. Mous-tier dans cette position douteuse qui tient le milieu entre le fi s d'adoption et le valet, avait disparu comme elle, sans doute pour s'être obstiné dans sa recherche.

Anne était l'unique enfant de M. Moustier, et bien que ce-lui-ci, maire du bourg de Croïat et l'un des plus riches pro-priétaires du département, ne fût pas homme à se déranger volontiers, il devait, vu la circonstance, diriger lui-même les battues, cette nuit.

Sous le manteau de la cheminée, à quelques pieds seule-ment du foyer, ou plutôt de l'incendie alimenté par cinq ou six troncs d'arbres, une femme parvenue aux dernières limites de la vieillesse, chauffait silencieusement ses membres étiques, en fumant une petite pipe de terre rouge à tuyau grossièrement historié.

Nul, parmi les paysans, ne lui adressait la parole.

Elle remuait de temps en temps les lèvres, comme si elle eût conversé avec elle-même; mais on n'entendait aucun son.

N'eût été ce mouvement machinal et la bouffée périodique qui, toutes les secondes, allait joindre sa spirale grisâtre au noir tourbillon du bûcher, cette créature à l'aspect somnolent et morne eût semblé complétement inanimée.

Les paysans causaient à voix basse et d'un air découragé.

— Et comme ça nous allons recommencer?... disait Jean Hervé, le tailleur du bourg.

— Et pour trouver rien de rien... répliqua-t-on à la ronde, — c'est dur.

— Ça, c'est la vérité, reprit le tailleur en haussant les épaules; — les pauvres enfants sont autant dire...

Hervé n'acheva pas; mais l'assemblée, secouant la tête en chœur, montra qu'elle comprenait et approuvait son lugubre pronostic.

— Il faut dire aussi, reprit Alain Lefeuvre, un demi-monsieur qui était l'adjoint du maire et le second personnage de Croïat; — il faut dire aussi que c'est une honte pour le pays qu'il y ait encore des chouans aux environs!

— Et qu'on ne peut découvrir leur retraite!

— Ah! pour ça... dit Jean Hervé, le tailleur, en contenant sa voix, — autant vaudrait chercher la maison du *Mendiant.*

A ce nom, qui n'avait pourtant par lui-même rien de bien diabolique, trente bras s'élevèrent simultanément pour faire à la hâte le signe de la croix.

Puis les gars, resserrant leur cercle, se regardèrent comme effrayés.

Le silence le plus profond régna pendant quelques minutes, et, lorsque Hervé reprit le premier la parole d'un ton timide et indécis, ses voisins tressaillirent visiblement.

— Quelqu'un l'a-t-il rencontré aujourd'hui? dit-il.

— Moi, dit un jeune gars, — sur la grand'route de Lanmeur.

— Et moi, ajouta un autre, — sur le chemin de Morlaix.

— Et moi, reprit un troisième, — au carrefour de Plougaz.

— A quelle heure?

Hervé fit cette question avec ce ton d'emphase solennelle que prend le juge au moment de constater une vérité importante.

Les trois gars répondirent en même temps :

— A midi.

— Pas possible!... murmura le tailleur, tandis que chaque figure de paysan exprimait la stupéfaction la plus complète.

Les trois gars, aussi surpris que les autres de cette coïncidence étrange, répétèrent pourtant leur assertion.

— C'est un diable à trois, voilà tout! ajouta le dernier.

Hervé leva la main pour obtenir silence et dit, en ponctuant son débit avec dignité :

— C'est un diable à quatre, vous autres!... car, moi aussi, je l'ai rencontré à la croix de Kergoat... à deux lieues de chacun des endroits que vous avez nommés... et il était midi!... ni plus ni moins!... Que saint Sauveur de Croïat nous protége!

Les paysans répétèrent de bon cœur la pieuse exclamation.

L'adjoint haussa les épaules avec mépris.

— L'histoire est bonne, dit-il; — tu n'en sais pas d'autres, Hervé?

— Monsieur Lefeuvre, dit gravement celui-ci, — j'en ai vu d'autres que vous plaisanter sur ces choses de l'enfer.

Ils s'en sont repentis avant de mourir.

— Eh! s'écria M. Lefeuvre d'un air narquois, — je ne plaisante pas!...

— C'est bon!... Il y a ici une créature, dit le tailleur en baissant la voix davantage, — qui en sait plus long que nous tous!... interrogez-la, monsieur Lefeuvre.

Il montrait Thérèse, la vieille femme octogénaire, assise sous la saillie de la cheminée.

Mais Thérèse n'entendit pas ou feignit de ne pas entendre.

Elle secoua lentement les cendres de sa pipe, laissa tomber sa tête sur ses genoux, et s'apprêta à dormir tout de bon.

— Laisse-la tranquille, dit M. Lefeuvre. — Il y a vingt ans que je connais la vieille Thérèse, et, depuis dix ans, je

me bouche les oreilles dès qu'elle parle, de peur d'entendre une prédiction de malheur!...

— Vous avez raison, monsieur Lefeuvre, répliqua le tailleur; car bien malin qui entendit jamais la vieille Thérèse prédire autre chose que des calamités!

A ce moment, la porte intérieure s'ouvrit, et Baptiste Moustier, le maître du château, parut en équipage de chasse.

C'était un homme de soixante à soixante-cinq ans, petit, trapu, fortement constitué.

Une chevelure épaisse et laineuse, d'un fauve tirant sur le roux, descendait en pointe sur son front saillant et montueux, de manière à rejoindre ses sourcils, touffus outre mesure.

La couleur de ses yeux était difficile à deviner sous cette manière de toison.

Celui qu'il regardait en face, — et cela n'arrivait pas tous les jours, — voyait seulement qu'ils brillaient d'un éclat changeant et furtif.

Le reste de son visage avait dû être vigoureusement dessiné autrefois, mais alors, ses joues grossies et tombantes lui prêtaient une sorte de bénignité qui n'était certes pas son expression naturelle.

A son aspect, les paysans se levèrent en silence et portèrent la main à leur bonnet.

Il y avait quelque chose de féodal dans cet accueil.

Cela ressemblait de loin au salut du tenancier à son seigneur, — comme la caricature peut vaguement rappeler l'original.

C'était la crainte encore, mais le respect avait disparu.

C'était l'obéissance, mais c'était aussi la haine, la haine du salarié pour son maître, cachée, patiente, implacable, et qui n'avait plus pour contre-poids la gratitude ou le prestige du souvenir.

Ce n'était plus le vassal devant le noble, c'était le pauvre devant le riche.

Moustier parcourut du regard l'assemblée, et murmura quelques mots d'une voix grondeuse sur le résultat négatif des recherches de la journée.

Puis, ayant fait allumer des lanternes et commis deux paysans à la garde du château, il se dirigea vers la porte, suivi du reste de la troupe.

Arrivé sur le seuil, il parut se raviser :

— Ces drôles vont s'endormir! grommela-t-il en regardant les deux paysans.

Je ne les paye pas pour cela!... Venez! ajouta-t-il plus haut, — la vieille Thérèse vaut autant que vous tous pour garder ma maison des chouettes et des orfraies...

Je la nourris; il faut qu'elle gagne son pain!

Les deux gars, qui avaient déjà repris leurs escabelles avec un plaisir évident, se joignirent à la troupe, non sans jeter un piteux regard vers l'âtre, où le brasier redoublait coquettement de chaleur et de lumière, comme pour se faire regretter davantage.

La troupe était au complet.

— Entends-tu, vieille! fit Moustier avec impatience.

Et comme Thérèse ne répondait pas encore, il s'élança vers elle, et la secoua rudement.

Le bras de l'octogénaire rendit sous la main de son maître un bruit sec et strident; on eût dit le craquement d'une vieille branche morte, froissée par le pied d'un voyageur.

Elle tressaillit, et, gardant de son réveil subit un tremblement général, elle leva sur Moustier son œil terne et vitreux.

— Entends-tu? répéta-t-il; — tu vas rester ici seule!...

— Seule!... dit Thérèse; — j'ai quatre-vingts ans!...

— Bah! prends ton rouet... veille, si tu peux; dors, si tu veux; mais sois là, tantôt, pour nous recevoir.

Thérèse étendit lentement son bras maigre et roide.

Elle ramena vers elle le rouet qui était à sa portée.

— J'aurai grand'peur! fit-elle; — seule!... toute seule!... ici!...

Moustier lui tourna le dos et se prit à rire avec une amertume railleuse.

— Récite ton *Pater* à rebours, sorcière!... dit-il durement.

Le diable t'enverra de la compagnie.

Puis il fit un geste, et tous les gars, le fusil sur l'épaule, défilèrent devant lui.

Quand il fut seul avec Thérèse, M. Moustier s'approcha d'elle et, frappant familièrement sur son épaule, il dit d'un ton presque caressant :

— Sans rancune, ma vieille amie! ferme la porte et n'ouvre à personne qu'à moi...

Entends-tu?

Thérèse baissa gravement la tête en signe d'obéissance.

Elle restait froide devant cette sorte de réparation, comme devant l'insulte qui l'avait précédée.

Moustier s'enveloppa soigneusement dans son carrick et rejoignit ses gars au dehors.

Ii

LE BOIS DE PLOUGAZ

Le château de Croïat était un vieil édifice bas et irrégulier.

Deux petites tours, surmontées de toits coniques, et placées, l'une à l'extrémité occidentale, l'autre enclavée au centre du corps de logis, lui donnaient une physionomie originale, encore plus que pittoresque.

Le corps de logis lui-même, élevé d'un seul étage, petit, mesquinement construit et d'une architecture peu gracieuse, laissait croire au premier abord que les sires de Croïat avaient été d'assez chétifs gentilshommes.

Mais tout adepte dans la noble science du blason eût incliné son front devant les restes d'une couronne comtale surmontant le vieil écusson de Croïat, écartelé de Rieux et de Bretagne, et portant pour devise ce fier axiome, méconnu par le roseau du bonhomme Lafontaine :

« *Mieux casser que plier.* »

Maintenant, tours et bâtiments ont disparu.

Le nom de Croïat lui-même est éteint depuis plusieurs années.

Une seule pierre reste de tout l'édifice, et c'est celle qui portait l'écusson dix fois séculaire et la chevaleresque devise.

Nous l'avons vue, mais, hélas! dans quel lieu!

Un marchand de Morlaix, dont la villa bourgeoise remplace aujourd'hui le manoir, dédaignant, comme un marchand peut faire, le noble précepte, mais curieux d'utiliser le moellon, en a fait le soubassement de la porte d'une étable, où de jeunes sangliers, déchus aussi, s'engraissent pour le plus grand comfort du marchand susdit et de son intéressante famille.

A l'époque où se passe notre histoire, le pauvre château de Croïat était, si l'on prend la devise à la lettre, dans un état pire encore que le néant où il est aujourd'hui.

D'abord, il avait subi le regrattage et le badigeon, ce qui, pour un manoir comme il faut, vaut un soufflet sur la joue d'un galant homme; ensuite, tout en haut des deux tourelles, impitoyablement barbouillées de chaux, se jouaient deux girouettes tricolores dont l'une était surmontée d'une découpure en fer-blanc qui voulait représenter Napoléon braquant, sous le vent, une gigantesque lunette, et l'autre d'un oiseau innommé, sorte de pinson colossal, tenant entre ses pattes un faisceau de foudres de toutes les couleurs.

Ce pinson était un aigle.

L'intérieur seul était resté tel quel, sauf le grattage des armoiries et quelques autres changements de peu d'importance.

C'était là qu'Anne et Charles avaient passé leur enfance.

Anne Moustier et Charles Bernard étaient deux beaux enfants. Anne, blonde, fraîche, espiègle et hardie souvent, plus souvent timide et sauvage; coquette comme une villageoise, c'est-à-dire outre mesure, et moins que le commun des femmes; obéissante presque toujours, mais obstinée à l'occasion, lorsqu'elle avait mis quelque chose dans sa petite tête bretonne; du reste, aimante, bonne, et n'ayant jamais lu même le titre d'un roman, ce qui est un grand point pour une demoiselle de province.

Charles était grand, bien fait, d'une physionomie noble et distinguée, courageux jusqu'à l'excès, plein d'honneur, cela tellement que les exemples de son bienfaiteur Moustier n'avaient pu altérer son excellent naturel.

Charles ne savait rien, c'est à peine s'il avait quelque idée vague et incertaine des grands événements qui bouleversaient l'Europe.

Il semblait qu'on eût pris à tâche d'envelopper son esprit d'un voile d'ignorance.

Son seul précepteur avait été Moustier; une seule chose avait toujours fait l'objet de leurs entretiens : les cruautés inouïes, les barbares exactions des nobles.

Là-dessus, le pauvre enfant était très-fort. Moustier lui avait farci la tête d'une foule de récits mensongers ou véridiques, peu importe, où toujours il plaçait un noble au moins menteur, débauché, cruel; et un paysan pauvre victime vertueuse, persécutée sans relâche, et finalement mise à mort par son implacable seigneur.

Charles écoutait et s'indignait, car la crédulité est le fait des natures généreuses.

Il s'indignait surtout contre les anciens maîtres de Croïat, tyrans implacables et féroces, qui avaient, suivant M. Moustier, écrasé la contrée pendant des siècles.

Quand il s'agissait des Croïat, l'éloquence accusatrice de M. Moustier atteignait au sublime.

Il racontait aussi bien souvent à Charles les particularités de sa naissance : autre variation de son thème éternel.

Pierre Bernard, brave et honnête républicain de Morlaix, surpris par les chouans vers l'an 1793, au moment où il gagnait Lanmeur avec sa femme, fut égorgé de la main d'un Croïat.

La citoyenne Bernard, mère de Charles, insultée, abreuvée des derniers outrages par ces hommes de sang, mit au monde un enfant au milieu de leurs brutales clameurs, et mourut en lui donnant le jour.

Cet enfant était Charles.

Lui, Moustier, prit en pitié le pauvre orphelin, etc., etc...

Cela était-il vrai? nous le saurons plus tard; toujours est-il que l'enfant, nourri de ces idées, haïssait mortellement les nobles : cette haine et l'amour profond qu'il avait pour Anne, voilà les deux sentiments qui absorbaient en lui tout le reste.

Il est presque superflu d'ajouter que Anne l'aimait de son côté; elle avait dix neuf ans, et Charles était le seul être sur qui pussent se porter ses affections.

M. Moustier avait-il découvert cet amour? peu de choses échappaient à M. Moustier; mais, d'après ce que nous avons pu dire, le lecteur, sans connaître particulièrement cet homme, l'a jugé sans doute peu capable de sacrifier son intérêt au bonheur de sa fille. Or, Charles, à part même la position fausse qu'il occupait au château, était un pauvre parti pour l'héritière des domaines de Croïat.

Il est à croire que Charles lui-même n'avait jamais porté son ambition jusqu'à une alliance avec la fille de son opulent protecteur.

Il l'aimait, cet amour suffisait à occuper son cœur et son intelligence. Il ne réfléchissait pas au delà.

Plutôt pour éviter les regards curieux des valets que pour échapper à la surveillance du maître, nos deux amants avaient choisi, afin de causer en toute liberté, une petite clairière du bois de Plougaz, à une demi-lieue du château.

N'allez pas croire au moins que ce fussent là des rendez-vous!

Non, Anne et Charles en étaient encore à se dire qu'ils s'aimaient.

Leur promenade se croisait en cet endroit, voilà tout.

Il est vrai que le matin, en déjeunant, l'un ou l'autre avait manifesté son intention d'aller au bois de Plougaz.

Il est vrai encore que Charles était toujours à sa fenêtre au moment du départ d'Anne, et qu'Anne ne partait guère sans avoir fait à Charles un petit signe qui voulait dire quelque chose.

Mais tout cela prouve peu, et il faut que vous le sachiez bien : notre petite Bretonne n'était pas femme à donner un rendez-vous...

Depuis quelque temps, ces rencontres *fortuites* avaient cessé.

Une bande de chouans avait paru dans le pays.

On ignorait quelle retraite ils s'étaient choisie, mais leur présence ne pouvait être mise en doute; et comme les domestiques du château ainsi que les paysans du bourg faisaient d'effrayantes histoires, exagérant à plaisir leur nombre et leur audace, la jeune fille n'osa plus sortir.

Réellement, ces courses solitaires à une demi-lieue du château n'étaient pas sans danger.

Quelque chose d'étrange se passait dans le pays.

Outre les chouans, on avait vu une sorte de personnage mystérieux, couvert de haillons bizarres, s'introduire dans les fermes, sous prétexte de mendier, et s'informer curieusement des habitants du château.

Il paraissait porter à la famille Moustier un intérêt tout à fait extraordinaire.

Quand on lui avait dit qu'Anne était la fille de Moustier, il avait tressailli d'abord ; puis, secouant la tête d'un air incrédule, il s'était fait faire un portrait minutieux de la jeune fille...

On n'avait à lui reprocher aucune violence, mais son abord était si majestueux sous son manteau délabré, que nul paysan n'osait refuser une aumône à sa prière ou une réponse à ses questions.

Bientôt il se répandit d'étranges bruits sur son compte.

Deux paysans s'offrirent de prouver qu'il était double, l'ayant vu tous deux à la même heure, dans des lieux fort éloignés l'un de l'autre.

C'était assurément bizarre ; néanmoins, nous qui savons, par la conversation du chapitre précédent, qu'il était *quadruple*, nous croirons facilement le récit des deux paysans.

Mais le bourg de Croïat n'en savait pas si long, et chacun se refusa d'abord à croire une circonstance aussi extraordinaire.

Seulement, la crainte vague et mystérieuse s'en accrut, et lorsqu'on prononçait le nom de MENDIANT, on se signait comme si c'eût été un suppôt de l'enfer.

Anne et Charles, durant un mois, n'avaient donc pu se parler qu'à la dérobée.

Ils avaient une foule de choses à se dire, — Anne surtout, qui était singulièrement communicative de son naturel.

Mais la crainte la retenait : — Si elle allait tomber entre les mains des chouans ! si elle allait rencontrer cet homme terrible, le Mendiant !

La jeune fille résista tant qu'elle put, ensuite elle céda, parce que l'amour était en elle plus fort que la crainte.

La veille du jour où commence notre histoire, pendant le déjeuner, elle laissa, comme autrefois, tomber la formule bien connue :

— Je vais aller faire un tour à la clairière de Plougaz.

Il était tacitement convenu que Charles ferait la sourde oreille chaque fois que cette parole sacramentelle serait prononcée.

Ce matin, Charles était préoccupé. Il joua d'autant mieux son rôle d'indifférent qu'il n'avait point entendu l'annonce, bien souhaitée pourtant, du rendez-vous.

Anne partit, moitié craintive, moitié joyeuse, rassurée d'ailleurs par la certitude de trouver Charles à mi-chemin. — mais Charles ne vint pas sur la route.

Bien plus, elle arriva la première au bois.

Il faisait un froid vif et pénétrant.

La clairière, dominée de tous côtés par d'énormes chênes auxquels pendait encore le feuillage desséché, présentait un aspect sombre, presque lugubre.

Il n'y avait plus d'oiseaux entre les branches ; le petit ruisseau qui murmurait si doucement d'ordinaire, se taisait maintenant sous une croûte de glace épaisse.

Tout gardait un silence de mort.

Anne sentit redoubler sa frayeur.

Au moment où elle allait retourner sur ses pas, un bruit de feuilles froissées lui annonça l'approche de quelqu'un.

Ce n'était point Charles encore.

Un individu de grande taille, aux épaules larges, mais osseuses et comme décharnées, s'avança doucement dans la clairière et regarda tout autour de lui avec précaution.

Son visage disparaissait presque sous sa longue barbe grise.

Quand il eut fait l'examen des lieux, il demeura immobile au centre de la clairière.

— Ils ne sont pas arrivés... murmura-t-il.

Et il resta debout, frappant du pied de temps en temps, comme s'il attendait avec impatience.

Anne était restée bouche béante ; elle ne pouvait détacher ses yeux de cet homme.

C'était le Mendiant ! il n'y avait plus à s'y méprendre...

Sa longue barbe, sa chevelure flottante, son manteau à jour, théâtralement drapé : c'était bien là le personnage mystérieux, héros obligé de tous les récits de la veillée...

Tandis qu'elle le contemplait ainsi avec un mélange de crainte et de curiosité, les feuilles sèches bruirent de nouveau dans le sentier, un second personnage parut, absolument semblable au premier.

Puis les feuilles craquèrent encore, et un troisième personnage se montra.

Puis un quatrième.

Et ces quatre hommes avaient mêmes costumes et mêmes visages ; tellement que, lorsqu'ils se furent mêlés, Anne chercha vainement à reconnaître le premier arrivé.

La pauvre enfant se crut le jouet d'un prestige ; elle n'osait

fuir pourtant. Le craquement de ces maudites feuilles mortes qui jonchaient le sol comme un épais tapis, l'auraient trahie au premier pas.

Elle demeurait donc immobile, se faisant petite derrière un arbre, et retenant son haleine pour faire moins de bruit.

— Quelles nouvelles ? dit l'un des mendiants.

— Rien ! répondirent à la fois les trois autres.

— Toujours !... cet homme est donc introuvable !

— Il ne sort plus... vous lui faites peur.

— Mais, reprit le premier mendiant, l'enfant qu'il appelle sa fille ?...

— Sa fille, lui répondit-on, — ne met pas le pied hors du logis... J'ai vu le temps où elle venait tous les jours en ce lieu même ; mais depuis un mois...

Anne n'entendit pas le reste de la phrase.

Elle venait de comprendre qu'elle-même et son père faisaient le sujet de la conversation.

Elle resta quelque temps plus morte que vive.

Enfin, lorsqu'elle put dominer son trouble assez pour écouter de nouveau, celui qui avait parlé le premier disait :

— Ah ! ah !... les chouans murmurent.

— Monseigneur, répliqua respectueusement un des mendiants, — il ne faut pas trop les lasser... ils disent qu'ils sont créés et mis au monde pour Sa Majesté, non point pour vous.

— C'est vrai, ce qu'ils disent.

— Ils n'ont pas eu le temps de vous connaître encore.

Ils vous obéiront comme à leur chef ; mais vous n'avez au monde que trois vrais serviteurs.

— Je le sais... trois amis fidèles et dévoués... les seuls qui me restent sur la terre !... Mais que disent encore les chouans ?

— Ils disent que cet homme ne leur a jamais fait de mal.

Celui qu'on avait appelé monseigneur fit un geste de surprise indignée.

— Il ne leur a jamais fait de mal ! s'écria-t-il avec amertume ; —mais ils ne savent donc pas que cet homme a égorgé plus de royalistes, lui tout seul, que dix assassins ordinaires !

— Nous leur avons dit son histoire ; ils sont tombés d'accord qu'il mérite un châtiment ; mais ils demandent pourquoi tant de façons... Que ne met-on le feu à Croïat ?

Anne écoutait, demi-pâmée.

A ce dernier mot, elle ne put retenir un faible cri.

Les quatre hommes relevèrent lestement leurs manteaux et entourèrent l'arbre le pistolet à la main.

— C'est elle ! dirent ensemble trois d'entre eux.

— Elle, qui ? demanda monseigneur.

— La fille de Baptiste Moustier.

— Ma fille !

En prononçant ces mots, l'homme qu'on avait appelé monseigneur se précipita vers Anne, et, soulevant ses deux mains dont elle couvrait son visage, il la contempla longtemps en silence.

— Ce ne sont pas ses traits ! dit-il enfin avec mélancolie.

Et comme les autres le félicitaient de cet heureux hasard, il reprit :

— Je ne sais ; mais ce ne sont point les traits de la pauvre Alice !

— La conduirons-nous là-bas ? demandèrent les trois mendiants.

— Oui, reprit monseigneur ; — après tout, un enfant peut ne point ressembler à sa mère.

Puis il ajouta, en saluant la jeune fille avec une courtoisie douce :

— Mademoiselle, il faut nous suivre.

Anne n'avait point entendu la fin de l'entretien.

Elle se laissa tomber à genoux et pria qu'on lui permît de retourner près de son père ; mais tout fut inutile.

Le principal mendiant, qui avait dépouillé soudain ses manières brusques et impérieuses, fut, envers elle, d'une excessive politesse, mais demeura inébranlable.

Le soir, comme nous l'avons vu, tout le bourg fut mis sur pied ; on fit plusieurs battues, dans l'une desquelles on perdit Charles Bernard, que son ardeur imprudente avait séparé du gros de la troupe.

L'expédition que nous avons vue partir de Croïat avait pour but d'explorer le bois de Plougaz et ses environs, seule partie du pays qu'on n'eût point encore visitée.

III

L'EXORCISME.

Il y avait deux heures que Moustier était parti.

Thérèse, l'octogénaire, était seule devant le foyer presque éteint.

La petite chandelle de résine, soutenue par une baguette fendue, fichée dans la maçonnerie intérieure de la cheminée, jetait sur la vieille sa lueur vacillante; tout alentour, les autres objets restaient dans une demi-obscurité.

La salle, grande par elle-même, empruntait à cette clarté douteuse une étendue étrange et fantastique.

Thérèse avait porté deux ou trois fois ses regards autour d'elle; mais, éblouie par cette immensité vague, produit des ténèbres, elle avait vu d'effrayantes figures se mouvoir dans l'ombre.

La pauvre vieille était superstitieuse, et peut-être avait-elle peur de sa conscience.

Elle tenait maintenant ses yeux fixés vers la terre.

Sa main faisait machinalement tourner son rouet, et, pour tromper sa terreur, elle chantonnait un de ces refrains sauvages, mélodies du page de Bretagne, pleins de grandeur et de mélancolie.

A mesure que l'heure avançait, l'inquiétude croissante se peignait sur sa figure pâle et ridée.

Une pensée, qu'elle ne pouvait chasser, semblait l'obséder sans relâche, et bientôt elle se mit à interroger des yeux furtivement la lourde porte de chêne aux écussons soigneusement grattés, comme si ses regards avides eussent pu hâter le retour de son maître...

Enfin son chant cessa. Le rouet resta immobile, et Thérèse laissa tomber sa tête sur sa poitrine.

Elle songeait, — et son rêve la faisait souffrir.

— Il le faut!... murmura-t-elle après un long silence. Dieu ou le démon m'y pousse!...

Il le faut!...

Elle se leva tout à coup, avec effort, et s'avança vers l'autre extrémité de la salle.

Elle tenait à la main la chandelle de résine.

Les murs sombres et enfumés étaient ornés, de distance en distance, de larges cadres, aux dorures flétries : sans doute les portraits des anciens possesseurs de Croïat; mais, par une idée ingénieuse, le nouveau propriétaire, à qui ces fiers visages de seigneurs disaient par trop son néant, si même ils ne lui rappelaient quelque souvenir autrement important, le nouveau propriétaire, disons-nous, avait imaginé de les retourner la face contre la muraille.

De cette manière, sans trop dégarnir ses lambris, il se débarrassait, le parvenu, de l'humiliant aspect de ses maîtres...

La vieille passa franc devant sept ou huit de ces cadres.

Son pas était ferme, presque rapide; — elle s'arrêta devant le dernier.

Là, elle hésita quelque temps.

Elle écouta, effrayée, le vent qui mugissait furieusement au dehors.

Tous ses membres tremblaient.

La résine oscillait dans sa main comme le balancier d'une horloge...

Mais la fantaisie, plus forte que la crainte, l'emporta; elle souleva péniblement le cadre d'une main et, approchant de l'autre la résine, elle regarda.

Elle regarda longtemps...

Une personne plus forte et plus jeune, dont l'émotion eût été moins puissante, aurait bien vite lâché prise, car le tableau était lourd et la posture fatigante; mais Thérèse n'y songeait pas, non plus qu'à deux grosses larmes, dernier effort d'une source tarie, qui sillonnaient lentement les plis de sa joue.

— Il était beau et brave!... dit-elle enfin; — il était riche aussi... et plus noble que pas un en basse Bretagne!... hélas!...

Elle se tut.

Le son de sa voix l'avait effrayée.

On n'entendit plus que les éclats de la tempête et les sifflements du vent qui gémissaient entre les ais mal joints de la grand'porte.

Tout à coup, le vent qui chassait la grêle, brisa un des châssis de la fenêtre, et la neige, précipitant ses larges flocons, vint tourbillonner jusqu'au milieu de la salle.

Thérèse lâcha le tableau, qui retomba lourdement, et s'éloigna.

— Sainte Vierge! dit-elle en se hâtant vers la croisée; — quelle affreuse nuit!... il me souvient d'une autre nuit!... Oh! que Dieu me pardonne!

Elle tressaillit à ce souvenir, et, secouant sa tête grise comme pour chasser de sombres idées, elle essaya de coller un lambeau de toile à la place du châssis renversé.

Mais le vent lui rejetait violemment la toile au visage. Son capuchon de mi-laine fanée était tout blanc de neige.

— Sainte Vierge! sainte Vierge!... murmurait-elle en frissonnant, — c'est tout comme cette nuit d'autrefois!... Le vent soufflait... la pluie ruisselait... oh!... c'était horrible!...

La vieille abandonna la toile, qui fut lancée aussitôt jusqu'à l'autre extrémité de la salle.

Elle reprit en regagnant le foyer :

— Il vint frapper au châssis... je savais que l'hospitalité pour lui, c'était la mort... aussi, je ne répondais pas...

Il se mit à crier : « Thérèse! »

— Thérèse! fit une voix au dehors.

— Oh! je deviens folle! dit la vieille qui pressa son front à deux mains.

— Thérèse! répéta la voix.

— Mon Dieu!... mon Dieu!... ayez pitié!...

— Thérèse! répéta la voix pour la troisième fois.

Et l'on frappa rudement aux carreaux de la croisée.

— C'est sa voix! dit la vieille femme, dont l'agitation touchait au délire.

Mon Dieu!... sainte Vierge!...

D'un geste convulsif elle se boucha les oreilles, en murmurant d'autres exclamations; puis, prenant une résolution désespérée, elle saisit la résine :

— Aujourd'hui comme cette fois!... dit-elle d'un accent égaré.

Un instant après la porte était grande ouverte, et Thérèse debout sur le seuil.

Un bruit de pas se fit.

La vieille leva la résine et plongea dans l'obscurité un regard avide.

— Lui!... lui!... dit-elle avec horreur.

Elle tomba pesamment à la renverse, et laissa échapper la résine, qui s'éteignit.

Un homme était entré.

— Allons, je n'en pourrai rien tirer ce soir! dit le nouvel arrivant en rallumant froidement la résine; — Thérèse! relève-toi, bonne femme!

Tout en parlant, il approchait la lumière, et semblait chercher sur la face livide de la vieille femme évanouie les lignes et les contours d'un autre visage.

— Il y a vingt ans que tout cela s'est passé!... dit-il enfin, comme conclusion de son examen.

Que Dieu lui pardonne comme je le fais du fond du cœur ! Pauvre créature!... elle ne fut que l'instrument du forfait... ce serait là une pauvre vengeance, qui prendrait si bas ses victimes!...

Il souleva la vieille et la porta jusqu'à son siége ordinaire, près du foyer; puis il ranima le feu pour réchauffer ses membres transis de froid, et s'assit en face d'elle, de l'autre côté de la cheminée.

Il eût été difficile de fixer l'âge de cet homme.

Son visage était jeune, et ses cheveux blancs.

Ses membres, à en juger par leur vigueur musculaire et la netteté du dessin, avaient dû avoir de fort belles proportions, mais maintenant leur étonnante maigreur faisait seulement ressortir l'énormité d'une taille presque gigantesque.

Son nez mince et droit, aux narines brusquement saillantes, sa bouche étroite et pincée, dont les coins se relevaient inégalement sous les mèches de sa moustache grise, son menton court et formant un angle aigu avec ses pommettes singulièrement écartées et proéminentes, auraient donné à sa physionomie une expression de dureté, augmentée encore par la barbe longue et rigide qui descendait carrément sur sa poitrine, sans la douceur étrange de ses grands yeux bleus, dont le regard, sortant de deux orbites profondément caves et ombragées d'épais sourcils, semblait un rayon de lune illuminant une nuit sombre.

Son costume, ainsi que son visage, se composait d'éléments divers et presque discordants.

Il portait le *bragou-bras* ou large pantalon, et la ceinture bariolée des habitants du Finistère; mais au lieu de leur veste courte, il drapait sur ses épaules un large manteau de cavalerie, usé, râpé, troué même en plusieurs endroits, mais dont les plis, disposés avec une certaine majesté excentrique, ajoutaient encore à l'imposante hardiesse de son visage.

Il resta longtemps vis-à-vis de Thérèse, semblant attendre

avec impatience son retour à la vie, mais dédaignant d'y employer ses mains.

Une fois, il se leva et fit le tour de la chambre.

A l'aspect de la porte grattée et des écussons détruits, ses sourcils se froncèrent.

Il murmura quelques mots de haine et de menace...

Mais il vit les portraits de famille montrer le revers poudreux de leurs toiles, et un sourire méprisant vint à sa lèvre.

Il se rassit en silence et ne bougea plus.

Enfin, Thérèse fit un mouvement.

— C'est un horrible rêve murmura-t-elle en passant sa main sur ses yeux fermés encore.

L'inconnu s'était levé.

— Ce n'est point un rêve, femme! dit-il d'une voix basse et profonde; mais ne crains rien, ta faiblesse te sauve.

Au premier mot, un frisson convulsif avait parcouru les membres de la vieille, puis elle était restée, les yeux baissés, dans une immobilité complète.

La frayeur lui ôtait toute force et toute volonté; sa respiration et le tic fiévreux qui agitait parfois sa lèvre et ses narines étaient les seuls signes de vie que donnait encore ce vieux corps engourdi et lourdement affaissé.

Bientôt l'excès de son émotion lui ôtant, en grande partie, la conscience de ce qui se passait près d'elle, elle tomba dans une sorte de repos magnétique, et ce fut avec un flegme et une netteté pour ainsi dire mécaniques qu'elle répondit aux questions qui lui furent alors adressées.

Ces questions elle-mêmes, par leur forme, eussent pu passer pour autant d'énigmes, mais la vieille semblait entendre à demi-mot.

— Elle est morte? dit d'abord l'inconnu.

— Morte, cette nuit-là même, répondit Thérèse... Et pourtant, qui sait? reprit-elle plus bas, comme se parlant à elle-même, — je le croyais bien mort, lui aussi!

L'inconnu avait fait sa première question de ce ton qui suppose la réponse.

A la deuxième, il hésita:

— Mais... dit-il avec émotion, elle était enceinte!

— Morte! en donnant le jour à son enfant.

L'inconnu respira plus à son aise.

Un éclair de joie rayonna sous la touffe grisonnante de ses épais sourcils.

— Ma fille! s'écria-t-il, car c'est bien une fille, n'est-ce pas, bonne Thérèse!... Oh! je te pardonne tout!... tout, entends-tu?... si tu me dis qu'elle est ma fille!...

— Qui?... prononça Thérèse avec indifférence.

— L'enfant que cet homme cherche partout... l'enfant que je... que les chouans tenaient en leur pouvoir...

Thérèse secoua la tête.

— La jeune femme accoucha d'un garçon, et non pas d'une fille... murmura-t-elle.

— Mais alors... cet enfant?

— Baptiste Moustier est son père.

— La fille de Moustier!... s'écria l'inconnu.

Il prononça ces mots d'une voix dure et rauque.

Les rides de son front se creusèrent subitement, tandis qu'une pensée de sang traversait son esprit.

— Ah! ce serait une vengeance facile et terrible!... murmura-t-il tout à coup, en quittant sa position vis-à-vis de la vieille pour arpenter la salle à grands pas.

Mais il se ravisa et mit ses deux mains sur son cœur.

— Non! reprit-il; oh! non! qu'il garde son enfant!... Dieu récompensera ma pitié... il me rendra le mien peut-être... Mon fils!... mon fils! ajouta-t-il tout haut, en posant la main sur l'épaule de Thérèse, que cet attouchement parut briser davantage.

Tu m'as dit que j'avais un fils... où est-il?... où est-il?... mais réponds donc!...

Thérèse garda le silence.

— Où est-il? répétait l'inconnu dont le front ruisselait de sueur. Oh! réponds-moi par pitié!... où est-il?

La vieille fit un geste de fatigue et de faiblesse; mais, cédant encore une fois à l'obsession du charme opéré par la présence de cet homme, elle dit d'une voix creuse et lente :

— Mort comme elle!...

— Est-il possible! s'écria l'inconnu atterré.

— Mort comme toi!... reprit la vieille; car tu es mort!... j'ai vu ton sang sur les planches de la chambre du vieux comte...

— Mais lui, femme! mon fils!... mon fils...

— Les chouans l'ont fait prisonnier, ton fils!... et les chouans gardent-ils jamais leurs prisonniers vingt-quatre heures?... laisse-moi!

— Dieu soit loué! murmura l'inconnu d'un ton de ferveur qui contrastait singulièrement avec les paroles de Thérèse.

La vieille eut un frisson.

— Au nom du Père, du Fils... commença-t-elle, en levant avec effort son bras pour essayer un signe de croix.

— Son nom? interrompit l'inconnu.

— Et du Saint-Esprit!... acheva Thérèse, — retire-toi, Satan!...

— Son nom! son nom!...

— Bernard, Charles Bernard... et maintenant, encore une fois, au nom du Père!...

Mais, avant que ce deuxième exorcisme fût achevé, le prétendu démon, jetant loin de lui son vaste manteau qui eût gêné sa course, avait gagné la porte d'un bond et s'éloignait rapidement dans la campagne.

IV

LA CAVERNE.

Le château de Croïat était dominé par une colline rocheuse où de grandes masses granitiques montraient leurs chauves sommets au milieu des taillis.

Notre personnage mystérieux monta et redescendit la colline au pas de course.

Il côtoya les immenses futaies qui s'étendent à perte de vue dans la direction de Lanmeur.

— Charles Bernard! répétait-il en courant, — c'est bien le nom du jeune homme!... un brave enfant!... Grâce à Dieu, j'ai donné ordre qu'il ne lui soit pas fait de mal!... pourvu seulement que les drôles!...

Il n'acheva pas, mais cette crainte sembla pour lui un aiguillon nouveau et il pressa le pas davantage.

Arrivé à un quart de lieue du château, il quitta brusquement la route battue qu'il avait suivie jusque-là, et se jeta dans le fourré.

A peine avait-il fait vingt pas dans cette direction, qu'il se sentit saisir vigoureusement au collet; sa main chercha instinctivement une épée à son côté; mais il était sans arme.

D'ailleurs, en un clin d'œil, il fut entouré par une dizaine d'individus qu'il reconnut pour des paysans du bourg de Croïat.

— Par ici!... par ici!... monsieur Moustier! criaient-ils, — nous le tenons un, toujours.

On aperçut bientôt la lueur de plusieurs lanternes à travers les arbres; elles approchaient rapidement.

Le captif n'avait pas encore prononcé une parole.

— Allons! dit-il en ce moment, juste assez haut pour être entendu, — faudra-t-il que le démon s'en mêle?...

Celui qui le serrait de plus près arracha la petite lanterne d'un de ses camarades accouru à ses cris et tourna la vitre vers le visage du prisonnier.

— Le Mendiant! dit-il en lâchant prise aussitôt.

Tout le monde répéta cette exclamation en reculant de plusieurs pas, et il se fit un large cercle autour du terrible captif.

— Il n'a pas son manteau... fit Hervé à demi-voix.

Les lanternes approchaient. Le Mendiant compara d'un coup d'œil rapide la distance et le temps qu'il lui faudrait pour agir sur les grossières intelligences de ses gardiens.

— Mes gars! dit-il avec un geste solennel, — je vais dans un endroit où le démon a bien assez de prise comme cela... s'il pouvait une fois me tenir par le coin de mon manteau!...

— Il va au sabbat, interrompirent ensemble plusieurs paysans; — lâchons-le, ou bien il nous arrivera malheur!...

— Où est-il? s'écria Moustier, qui n'était plus guère qu'à une soixantaine de pas.

— Place, au nom du diable, ou gare à vous! dit impérieusement le Mendiant, qui s'élança en même temps avec force.

Les gars s'écartèrent en silence...

— Où est-il?... répéta Moustier en rejoignant la troupe.

Les paysans confus n'osaient répondre.

Le plus hardi prit la parole :

— C'était rien, monsieur Moustier, dit-il; — c'était le Mendiant...

— Et vous l'avez laissé s'enfuir!... par où? par où?...

Tout en faisant cette question, Moustier armait prestement son fusil.

Hervé tendit le bras dans la direction qu'avait suivie le fugitif.

Les lanternes, réunies au même lieu, donnaient une clarté assez vive ; Moustier vit s'agiter le feuillage et lâcha son coup aussitôt.

— Suivez-moi ! dit-il.

Et, saisissant une lanterne, il se précipita au travers des taillis.

Il marchait la tête baissée, interrogeant du regard chaque pouce de terrain.

Bientôt il poussa un cri de joie : il avait découvert du sang.

— Nous le tenons, mes gars ! s'écria-t-il ; — ne perdez pas la trace !

Mais sa joie fut de courte durée, la trace disparut tout à coup au bout de quelques pas.

Moustier sembla singulièrement désappointé ; il gourmanda ses gens, étonnés du prix qu'il attachait à cette capture, et ordonna la retraite sans plus s'occuper du sort de sa fille, comme si la prise de cet homme eût été le but véritable de l'expédition.

Les paysans, qui ne demandaient pas mieux que de trouver leur lit, se mettaient en devoir d'obéir, lorsqu'un cri retentit au loin dans le bois.

— Ecoutez ! fit Moustier d'un air effrayé.

— C'est l'appel du jeune monsieur, pardi ! s'écria joyeusement Hervé.

Je le reconnaîtrais entre mille.

Puis, faisant avec ses deux mains arrondies une espèce de porte-voix, il poussa un cri long et cadencé.

Charles, car c'était lui en effet, répéta son appel et, guidé par la voix des paysans, fut bientôt au milieu de la troupe.

Il avait été vingt-quatre heures le prisonnier des chouans.

L'un d'eux, qui depuis longtemps voulait déserter la bande, l'avait aidé dans son évasion.

Anne était encore dans leur repaire.

Moustier avait paternellement secoué la main de Charles.

Quand celui-ci, après avoir conté en détail ce que nous venons de dire en deux mots, annonça la captivité de la jeune fille, le maître de Croïat ne parut pas avoir trop de peine à dominer son émotion ; il demanda seulement où était cette mystérieuse retraite.

— Je m'offre à vous y conduire sur-le-champ, répondit Charles avec vivacité ; — à cette heure nous les surprendrons ; et mademoiselle Anne...

— Combien sont-ils ? interrompit Moustier.

— Je ne sais... trente ou quarante... peut-être cinquante. M. Moustier haussa les épaules et, s'appuyant sur le bras du jeune homme, il reprit le chemin du château.

Charles ne se rebuta pas.

— Votre fille espère en vous, monsieur, dit-il.

— L'as-tu vue ? demanda Moustier.

— Non... mais leurs discours ne m'ont laissé aucun doute... elle est en leur pouvoir.

Moustier avait pressé le pas.

Il était maintenant à quelque distance du gros de la troupe.

Il baissa la voix, et, serrant fortement le bras du jeune homme :

— Et le Mendiant, dit-il, l'as-tu vu ?

— Je ne sais.

— Comment ?

— J'ai vu trois hommes revêtus du costume bizarre qu'on prête à ce personnage...

— Trois !... répéta Moustier.

— Et ces trois hommes, poursuivit Charles, étaient les valets d'un quatrième qu'ils appelaient monseigneur.

— Monseigneur !... répéta encore Moustier.

— Ce dernier, continua Charles, je ne l'ai pas vu ; mais il m'a fait adresser par ses gens d'étranges questions sur votre compte.

— Et tu as répondu ?

— Non.

Moustier s'arrêta pour donner aux paysans le temps de le rejoindre.

Pendant tout le reste de la route, il resta plongé dans une profonde rêverie.

Cependant le Mendiant avait été atteint.

La balle de Moustier l'avait frappé au haut du bras, et son sang coula d'abord avec abondance.

La blessure n'avait pas ralenti sa course ; mais lorsqu'il entendit les pas de son ennemi, le sang qu'il perdait, diminuant ses forces et trahissant sa piste tout à la fois, il dut chercher ailleurs que dans la fuite un moyen de salut.

Entr'ouvrant donc son misérable vêtement, il déroula une large ceinture de soie blanche, attachée autour de ses reins, et banda sa blessure à la tête ; puis, se jetant subitement de côté, il fit encore une cinquantaine de pas et s'étendit, hors d'haleine, sur un monceau de feuilles sèches.

De là, il put voir et entendre une partie de la scène que nous avons rapportée.

Il laissa les gens du château retourner sur leurs pas ; et, profitant de la diversion opérée par les cris de Charles, lorsque ce dernier rejoignit la troupe, il prit de nouveau la fuite.

En ce moment, il était déjà loin.

La fatigue l'accablait ; sa blessure, mal bandée, le faisait cruellement souffrir ; mais son idée fixe ne l'abandonnait pas.

Chaque fois que sa course venait à se ralentir, le nom de Charles Bernard, prononcé mentalement, semblait lui rendre de nouvelles forces.

Enfin, il atteignit la lisière du bois.

Là, parmi des milliers de petits sentiers qui se croisaient en tous sens sur la lande, il prit sans hésiter le moins tracé, le plus tortueux de tous ; et, après avoir marché dix minutes encore, au milieu des ajoncs qui dépassaient sa tête, il arriva au but tant souhaité.

C'était une petite chapelle en ruines, ouverte à tous les vents, et située au milieu de la lande.

L'herbe et les ajoncs croissaient à l'intérieur comme au dehors.

Tout alentour, dans un rayon considérable, d'autres ruines, éparses sur le sol, témoignaient de l'existence ancienne de quelque grand édifice.

En explorant ces ruines avec attention, on pouvait même suivre une ligne circulaire de douves, maintenant desséchées, bordées extérieurement par les assises d'une enceinte de murailles d'une formidable épaisseur.

Les angles de cette enceinte avaient dû être flanqués de quatre tours symétriques, dont il ne restait plus que les fondements.

La tradition plaçait là l'ancienne demeure des sires de Croïat, et disait qu'au temps des croisades un duc de Bretagne trouvant, à son retour de Terre sainte, Conan, seigneur de Croïat, établi trop à l'aise auprès de la duchesse, sa femme, le chassa d'abord de la cour ; puis, l'ayant attaqué dans une recrudescence de jalouse humeur, mit son castel au ras du sol, et lui laissa pour tout bien sa petite chapelle, avec licence entière de se faire ermite.

Le Mendiant, avant d'entrer, écouta soigneusement, l'oreille contre terre, pour s'assurer qu'il n'était point poursuivi.

La lande était silencieuse.

Il se releva, traversa rapidement l'un des bas côtés de la chapelle, et, soulevant près de la seule colonne qui fût restée dans le chœur une pierre énorme en apparence, mais que réellement un enfant pouvait faire tourner sur son pivot intérieur, il descendit quelques marches et se trouva dans le caveau mortuaire de Croïat.

Il y avait là une cinquantaine d'hommes, les uns couchés sur des sacs de paille, les autres assis autour d'un foyer à charbon de fabrique anglaise, pour lequel on avait pratiqué une sorte de cheminée dans la maçonnerie souterraine.

Ces hommes étaient fort diversement habillés ; mais tous portaient, soit à leurs bonnets de laine, soit à leurs chapeaux de tresse de paille, une large cocarde blanche, et, dans le chollet à carreaux qui leur servait de ceinture, un couteau à gaîne et une paire de pistolets.

Des fusils de différentes formes et calibres étaient rangés au fond, contre la paroi du caveau ; et, dans un coin, soigneusement couvert dans son étui de serge verge fleurdelisée d'argent, on voyait un petit canon de cuivre tournant sur un pivot.

Près de l'entrée, deux sentinelles veillaient, le fusil sur l'épaule.

Au bruit du pas du Mendiant, serrant le rosaire qu'elles égrenaient dévotement, elles appuyèrent ensemble le bout de leurs fusils contre la pierre.

La vue du nouvel arrivant leur fit baisser respectueusement les armes, et les deux gars touchèrent leur bonnet.

— Le prisonnier? dit le Mendiant du haut des marches.

Les deux chouans hochèrent la tête sans répondre.

Le Mendiant crut comprendre ce silence et, arrachant un pistolet à la ceinture de l'une des sentinelles, il se précipita vers le foyer en s'écriant :

— Le prisonnier ! le prisonnier !... Qu'avez-vous fait du prisonnier, malheureux !

— Monsieur !... blessé !... crièrent les chouans, qui aperçurent du sang sur son écharpe.

Toute la troupe se pressait autour de lui.

Le Mendiant écarta du geste trois hommes de haute taille qui avaient devancé tout le monde, et s'adressant aux autres :

— Vous ne voulez pas me répondre ? dit-il.

Un jeune homme, que son écharpe blanche passée en sautoir faisait reconnaître pour un chef, prit alors la parole :

— Monsieur, dit-il avec déférence, il ne faut pas nous en vouloir... Le prisonnier... ce sont les chances de la guerre.

— Quoi ! malgré mes ordres ? interrompit le Mendiant, dont les lèvres tremblaient de fureur.

— Monsieur !... au nom du ciel !... balbutiait le chouan étonné.

Mais l'autre ne l'écoutait pas ; et, malgré sa blessure, saisissant d'une main l'épaule du lieutenant, il appuya de l'autre le pistolet à sa gorge.

Un mouvement se fit parmi les chouans.

— Arrière ! dit le Mendiant d'une voix terrible.

Mais, au moment où il allait presser la détente, un vigoureux gaillard lui arrêta résolûment le bras.

— C'est pas la faute à M. Cadour, dit-il ; le *pataud* s'est échappé pendant que j'étais de garde... si quelqu'un doit payer, me voilà !

Le bras du Mendiant était retombé tandis qu'il s'écriait :

— Echappé !... as-tu dit échappé ?...

— J'ai dit échappé, quoi ! répondit tranquillement le chouan. Les gars sont sortis sur les quatre heures avec M Cadour... nous sommes restés moi et Vincent... Mais Vincent était bleu au fond, je l'avais toujours dit... Le jeune homme et lui sont tombés sur moi...

— Echappé ! murmurait le Mendiant, qui avait lâché M. Cadour et paraissait plongé dans une profonde rêverie.

Le paysan, qui prit ce mot pour un reproche, leva son bras en écharpe, et, découvrant sa poitrine, montra deux larges blessures encore saignantes.

— Faut être juste, dit-il ; le *pataud* est fort, Vincent aussi... moi, j'étais tout seul...

Les sourcils du Mendiant s'étaient détendus, et sa physionomie disait malgré lui de quel poids énorme on venait d'alléger son cœur.

— C'est bien ! murmura-t-il tout à coup, en frappant sur l'épaule du paysan ; je suis content de toi, Michel... Vous, monsieur Cadour, vous êtes un brave jeune homme, un bon serviteur de Sa Majesté, entendez-vous !

Cela dit en manière d'excuse, le Mendiant traversa le groupe des chouans, répondant par un signe de tête à leurs saluts respectueux.

Puis il s'engagea dans un couloir étroit qui s'ouvrait au fond du caveau, et disparut.

Dès qu'il fut sorti, les chouans, qui s'étaient contenus à grand'peine pendant cette scène, donnèrent un libre cours à leur étonnement.

— M'est avis que le pauvre monsieur est fou, dit Michel.

Et l'on répondit à la ronde :

— Tout de même, ça en a fièrement l'air !

Dans un coin, les trois sosies du Mendiant, ces hommes qui s'étaient faits eux-mêmes à son image, et que nous avons déjà montrés une fois au lecteur à la clairière de Plougaz, préparaient silencieusement du linge et de la charpie pour la blessure de leur maître.

M. Cadour, le lieutenant, imposa silence à Michel et aux autres en leur montrant le doigt.

Mais chacun put voir le lieutenant hausser les épaules en rajustant son écharpe froissée par la main du chef.

— C'est pourtant vrai ! reprit Michel, répondant à ce geste, — il allait tuer un bon chrétien pour ce damné de *pataud* !...

— Mes gars, dit M. Cadour avec quelque peu d'amertume, — M. le comte est le maître... le roi l'a choisi... vive le roi !

A ce moment, les trois serviteurs du Mendiant ayant achevé leurs préparatifs de pansement, sortirent du caveau.

— Que dites-vous de ces trois grands drôles, vous autres, demanda un chouan.

— Moi, répondit Michel, je dis qu'ils espionnent trop bien au dehors pour en perdre l'habitude avec nous.

— Encore une fameuse idée du Monsieur, d'avoir comme ça trois ombres autour de lui...

— Pour cela, interrompit Cadour, l'idée n'est pas trop mauvaise.

Les drôles, comme vous les appelez, ont déjà reçu plus d'un coup de fusil, à l'adresse de leur maître.

Puis il ajouta d'un ton plus sérieux :

Ce sont des gens braves et dévoués, après tout, et s'ils sont peu communicatifs, c'est qu'ils ont leurs raisons pour se taire, apparemment... et maintenant, mes gars, votre prière et au lit !

Les paysans obéirent aussitôt.

Mais il était écrit que la plupart d'entre eux dormiraient peu cette nuit-là.

En effet, une des *ombres* de M. le comte parut à la porte et fit un signe à Cadour.

Celui-ci était à moitié déshabillé déjà.

Il remit précipitamment ses vêtements et suivit le serviteur du comte dans le couloir.

C'était la première fois que M. Cadour pénétrait dans la chambre de son chef.

Il s'apprêtait sans doute à faire un inventaire hostile et minutieux de tout ce qui s'y trouverait.

Sa curiosité fut trompée.

Il entra dans une espèce de cellule taillée dans la pierre, sans meubles aucuns.

Il avait compté sur un lit au moins confortable, sinon somptueux ; sur une bonne natte de jonc.

Rien de tout cela.

Le roc nu partout, et un hamac pendant à la voûte.

Cadour était un paysan breton ; cette simplicité le réconcilia tout d'un coup avec son chef, dont, jusqu'alors, il avait supporté impatiemment la fierté rude et impérieuse.

Il se découvrit plus respectueusement qu'il n'eût fait devant un roi, portant sceptre et couronne, et attendit les ordres qu'on allait sans doute lui donner.

Le Mendiant était debout au milieu de sa cellule.

Il achevait de se faire panser par un de ses valets.

Anne Moustier, voilée, occupait le seul siège qui fût dans l'appartement.

— Monsieur Cadour, dit le Mendiant, choisissez-moi vingt-cinq hommes robustes et déterminés... qu'ils soient prêts à partir dans dix minutes.

Cadour aurait peut-être fait, en toute autre circonstance, quelques observations sur l'heure avancée et la fatigue de ses gens ; mais, nous l'avons dit, il était en veine d'obéissance.

Dix minutes après, en effet, le Mendiant sortit de la chapelle à la tête de vingt-cinq hommes bien armés.

Près de lui marchait Anne Moustier, tremblante, la pauvre enfant, de froid et de frayeur.

V

BAPTISTE MOUSTIER.

Les chouans étaient rares en 1813 ; ceux que nous venons de voir étaient les débris d'une bande nombreuse qui avait fait la guerre autrefois dans la Loire-Inférieure, et qui, diminuée par des attaques continuelles, mais se recrutant sans cesse de réfractaires, était venue, à travers le Morbihan, poursuivie de taillis en taillis par les troupes régulières, jusqu'aux environs de Lanmeur.

Cadour était alors le chef de ces hommes exaltés, rendus cruels peut-être par les attaques de tous ; mais incontestablement braves, fidèles et malheureux.

Accablés de fatigues, entourés de tous côtés par des forces supérieures, ils allaient se disperser, sinon se rendre, lorsqu'un homme vint au milieu d'eux, porteur d'un brevet de lieutenant général au service de Sa Majesté Louis XVIII.

Il y a longtemps que nos chouans combattaient bien plus pour leur propre défense que pour la cause royale ; cependant, le nom du roi avait toujours sur eux un pouvoir extraordinaire.

Du consentement même de Cadour, le lieutenant général fut proclamé chef de la bande.

Cet homme, que le lecteur connaît déjà sous le nom du *Mendiant*, fit avancer les chouans jusqu'à Croïat et leur procura, sous les ruines de la chapelle, cette retraite sûre et cachée où ils purent du moins respirer à l'aise pendant quelque temps.

Du reste, si le mobile de ses nouveaux subordonnés était devenu personnel, par suite de leurs revers constants et de l'affaiblissement de leur nombre, le sien l'était encore davantage.

Pour l'intelligence du drame, il est nécessaire que le lecteur remonte avec nous plusieurs années et connaisse l'histoire de ce personnage.

Yves VIII du nom, comte de Croïat, seigneur de Penvern, de Kerhimer, de Lanzic, etc., etc., avait grandi, vécu et vieilli dans ses terres.

C'était un rude seigneur, chassant du matin au soir, buvant du soir au matin, faisant volontiers l'amour aux moins laides parmi ses vassales et jurant à désespérer ses valets de chenil, — cela surtout quand on lui parlait de mariage.

Certains pécheurs savent couvrir leurs débauches d'un manteau de galanterie et de grandeur; mais lui, se vautrait franchement, et bien qu'il fût le premier parmi les gentilshommes du voisinage, son cynisme et ses habitudes l'avaient dès longtemps exclu de leur société.

Vers l'an 1760, M. de Croïat avait une cinquantaine d'années.

Au milieu de sa première attaque de goutte, il se prit à penser qu'il était seul au monde, et chercha, parmi les liens qui unissent les hommes, le plus commode, surtout le plus facile à briser.

Avant tout, il fallait qu'il eût, sur son futur compagnon, l'autorité la plus absolue.

Un fils seul pouvait remplir cette condition.

Or, il avait bien deux ou trois bâtards dans le pays; mais ceux-ci auraient quelques droits à n'être pas chassés comme des laquais au moindre caprice du bon seigneur.

Il n'y fallait pas penser.

D'ailleurs, il était une créature humaine à laquelle M. de Croïat portait un intérêt réel et tout particulier.

C'était le fils de son plus proche fermier; — un enfant laid, méchant, vicieux même : véritable peste de la maison paternelle.

Ces rares dispositions lui avaient valu l'estime du vieux comte.

Tous les jours le valet de chambre de ce dernier charmait sa mauvaise humeur en lui racontant quelques méchantes fredaines de l'enfant, qui avait nom Baptiste Moustier.

Au récit de ces tours qui supposaient une froideur de calcul et un degré d'hypocrisie monstrueux pour l'âge de Baptiste, monseigneur riait de bien bon cœur, et sentait croître en lui, pour cet enfant précoce, une sympathie qui devait, plus tard, porter ses fruits.

En effet, le choix de M. le comte de Croïat se porta tout d'abord sur lui, dès qu'il eut résolu de se donner une compagnie, et Moustier, alors âgé de dix ans, fut intronisé au château, avec charge expresse de faire damner vingt fois le jour toute la maison, d'abord; puis de venir toutes les demi-heures raconter ses fredaines et japper au chevet de son maître comme un jeune chien.

En toute chose, il n'y a que le premier pas qui coûte : quelque mauvaise que fût cette compagnie, elle augmenta l'aversion du duc pour la solitude; trois ans après, il épousa une pauvre demoiselle noble des environs, que ses parents sacrifièrent au titre brillant et à la fortune considérable de son sauvage soupirant.

A dater du jour du mariage, il y eut une lutte sourde, implacable, sans trêve ni merci, entre le fils adoptif et la nouvelle épouse.

Celle-ci, patiente et hardie tout à la fois, ne tarda pas à supplanter le jeune homme.

Elle eut un fils, et ce nouvel auxiliaire doublant tout d'un coup le pouvoir de la femme, Baptiste Moustier, que ses basses complaisances et ses flatteries ne mettaient plus à l'abri d'affronts journaliers, tyrannisé par la maîtresse, insulté par les domestiques, nullement protégé par le maître, s'enfuit un jour, la rage dans le cœur, et jura de vivre désormais dans un seul but : la vengeance.

Il était homme à ne point oublier son serment.

Georges de Croïat, alors tout enfant, ne partageait point la haine de sa mère contre Baptiste.

Tant que ce dernier resta au château, le jeune comte se montra son constant protecteur.

Après son départ, il le secourut encore de ses petites épargnes.

Le plus grand plaisir de Georges était d'aller à la ferme du père Moustier; là, dans un coin, il trouvait le pauvre exilé, morne, abattu, car tout le monde le haïssait à cause de sa fortune passée.

Georges le consolait, il le défendait, à l'occasion, de son autorité, contre les insultes du village entier, qui poursuivait impitoyablement de ses huées l'*ancien petit monsieur*.

Baptiste avait été insolent : on était implacable.

Sans Georges, il lui eût fallu fuir le pays pour toujours.

Aussi témoignait-il à l'enfant une reconnaissance et un amour sans bornes; il demandait au ciel d'être mis à même un jour de récompenser Georges du soulagement généreux que celui-ci apportait à sa misère.

Le comte Yves de Croïat mourut en 1775, regretté de son fils peut-être, mais bien sûrement de personne autre.

Le château redevint aussitôt le rendez-vous de la noblesse des environs.

La comtesse douairière était jeune encore, jolie et coquette; son fils héritait d'une fortune immense et promettait de faire bientôt un charmant cavalier.

Georges, en effet, ne tenait en rien de son père; autant celui-ci portait mal le nom de ses ancêtres, autant le jeune comte, brave, intelligent, généreux, semblait promettre un digne rejeton à la noble souche de Croïat.

Un seul penchant leur était commun : Georges aimait la solitude.

Malgré les prières de sa mère, malgré les avances dont le comblaient les jeunes gentilshommes du voisinage, il bornait obstinément sa société à son ancien ami Baptiste Moustier.

Ce dernier, tout en faisant étalage de sa gratitude, cultivait surtout avec soin cette indifférence méprisante de Georges pour ses égaux; il l'augmentait, il travaillait sans relâche à la changer en aversion.

Dire que les idées de liberté qui fermentaient alors par toute la France avaient fait une pointe jusqu'au bourg de Croïat, au fond de la basse Bretagne, serait beaucoup s'avancer.

Toujours est-il pourtant que, soit pénétration supérieure, soit aversion puissante et instinctive contre la noblesse, Baptiste avait rêvé l'abaissement de cet ordre, l'affranchissement de sa caste à lui : la représentation nationale, enfin, dans les limites que devaient naturellement poser à son rêve son éducation grossière et l'influence du terroir.

Il avait hasardé timidement d'abord, et en termes ambigus, quelques mots de son système devant le jeune comte; puis, s'enhardissant à la vue du singulier enthousiasme qui accueillit cette ouverture, il développa clairement son idée.

L'imagination de son élève fit le reste.

Georges avait l'intelligence vive et le cœur ardent.

Les mots de liberté, d'égalité exaltèrent le sentiment de justice qui était en lui.

Ce ne fut pas un entraînement aveugle.

Il médita nuit et jour ce projet immense; — il le grandit et le fit sien.

Et, dès lors, à leur insu, les publicistes, artisans de la révolution, eurent, dans les landes du Finistère, un adepte qui les devançait, et qui, de sa fortune et de son bras, était prêt à soutenir leur effort.

Nous disons un adepte et non pas deux; car Baptiste Moustier, dans tout ceci, n'avait été que l'instigateur subalterne.

L'égoïsme seul avait parlé chez lui; tandis que, dans le cœur du jeune comte, l'abnégation la plus pure, la générosité la plus chevaleresque avaient répondu à cet appel.

VI

L'ÉMIGRÉ.

Les événements marchaient cependant à pas de géant.

Un jour, Georges de Croïat entra tout ému dans la misérable cabane ce Moustier.

Depuis longtemps le jeune comte, foulait aux pieds avec ferveur les préjugés de ses pareils, traitant le paysan, non-seulement comme son égal, mais comme un frère bien-aimé.

Cette fois, il lui serra la main avec un redoublement d'affection.

— Baptiste! s'écria-t-il, nous partons demain.

— Nous?... répéta Baptiste en levant son regard cauteleux sur la noble physionomie de Georges.

— Pour l'Amérique, frère, pour l'Amérique!

— Ah!... fit seulement Moustier en reprenant sa tâche.

— Tu ne sais pas, — continua Georges, dont les yeux brillaient d'enthousiasme, —tu ne sais pas qu'il y a loin de nous des hommes qui combattent pour nos chères idées! pour l'égalité, frère, pour la liberté!

— C'est beau, dit Baptiste qui cacha un sourire.

— C'est beau!... Comme tu dis ça froidement!... C'est sublime, frère, il faut partir.

Le paysan se prit à réfléchir et ne répondit point.

— Me laisseras-tu donc aller seul? demanda Georges avec étonnement et tristesse.

Un sourire étrange releva, durant une seconde, la lèvre de Baptiste, qui croisa les bras sur sa poitrine, et dit avec emphase :

— Partez, si vous voulez, monsieur Georges, moi, je reste. Vous êtes un généreux enfant, je le sais; mais le sang des tyrans coule dans vos veines; il vaut mieux que vous combattiez pour d'autres esclaves que ceux qui vous servent... Allez!

En Amérique, vous défendrez la liberté jusqu'à la mort, j'en suis sûr; en France, vous l'étoufferiez peut-être!

Georges fit un geste d'indignation.

Moustier le regarda en face.

— J'exprime ma pensée sans détour, reprit-il avec une rudesse hypocrite.

Pardonnez-moi si elle vous offense, monsieur le comte; je resterai, moi, entendez-vous!

Si l'étendard de la liberté se lève en Amérique, pourquoi resterait-il chez nous longtemps encore sous le boisseau?

Oh! continua-t-il en s'excitant à froid tout d'un coup, —je vois venir le jour où la sainte cause aura besoin de tous ses défenseurs, et je veux être à mon poste à cette heure solennelle.

Je reste, monsieur le comte de Croïat; Baptiste Moustier n'a pas trop de sang pour son pays, — chaque goutte de ce sang versé sur une autre terre lui semblerait un vol fait à sa patrie.

Après ce remarquable mouvement oratoire, Moustier soupira profondément et leva les yeux au ciel.

Cela voulait dire qu'il soutenait contre lui-même un combat pénible, et que sa conduite en cette circonstance était un héroïque sacrifice.

Au moins, le jeune comte l'entendit ainsi et plaignit son pauvre ami du fond de son cœur.

Cependant Georges partit; mais, pour ne point navrer le cœur de sa mère, dont les opinions différaient en tout des siennes, il tint secret le but de son voyage.

Le seul Baptiste, confident de ses plus intimes pensées, reçut ses adieux en pleurant et lui souhaita bonne chance au départ.

Nous ne suivrons pas notre jeune champion de la liberté dans ses diverses aventures guerrières en Amérique.

Il combattit avec vaillance, voilà tout ce qu'il importe de savoir.

La guerre finie, au lieu de revenir en France avec ses compagnons, il épousa la fille unique d'un colonel américain; puis, cédant aux prières de sa femme, il s'établit pour quelque temps dans sa nouvelle famille.

Baptiste Moustier s'abstint de lui donner de ses nouvelles.

Mais Georges n'avait garde de l'oublier.

Aux heures où venaient le visiter les souvenirs de la patrie absente, il voyait toujours Baptiste ferme, calme, intrépide, au premier rang des martyrs de l'indépendance.

VII

LE RETOUR.

Vers la fin de 1793, un navire américain voguait à pleines voiles vers la côte de France.

Sur le pont, loin des autres passagers, était Georges de Croïat, s'entretenant avec sa jeune femme, alors enceinte pour la première fois.

Il n'avait pu résister au désir de revoir la France, la France libre maintenant.

De la Révolution, il ne savait guère que ses beaux commencements, et son âme ardente, mais loyale, ne pouvait deviner les lâches excès de la Terreur.

Avec quelle joie il voyait la traversée tirer à sa fin! que de récits il faisait à sa blonde Alice!

Alice l'aimait avec passion.

Elle s'exaltait au souvenir des nobles rêves de la jeunesse de Georges.

Elle brûlait de voir Baptiste Moustier, ce vaillant cœur, cet excellent ami.

— Il avait raison, Alice, disait Georges, — toujours raison... De nous deux, il est le vrai citoyen; car il a gardé, lui, pour sa patrie, le sang que j'ai versé pour la vôtre.

— Et n'est-ce donc pas aussi votre patrie, Georges? demandait la jeune femme avec un doux reproche.

— Certes, oh! certes, chère Alice, répondait Georges en mettant un baiser sur son front; — mais Baptiste n'admettait pas cette excuse... c'était un cœur simple et droit!...

Baptiste est un homme unique!...

Il faut le respecter, l'admirer, l'aimer... vous le ferez pour moi, n'est-ce pas, Alice?...

Alice ne demandait pas mieux.

Dans ses longues causeries, il fut arrêté que Baptiste redeviendrait l'hôte et le commensal du château de Croïat.

Il serait l'ami, le mentor de l'enfant qu'Alice portait dans son sein...

Georges avait reçu depuis peu la nouvelle de la mort de sa mère, sans autre détail.

Au retour, il devait se trouver seul, maître de toute sa fortune.

Que de beaux rêves on faisait ainsi durant les heures lentes du voyage!

Quelle bonne vie Georges allait mener dans le château de famille, entre l'amour de sa charmante Alice et le dévouement de son ami!...

L'heure du combat était passée!...

Après l'effort, la récompense; après la lutte, la victoire... On allait être heureux; on allait trouver le paradis sur terre...

Le navire débarqua ses passagers à Brest.

Le citoyen et la citoyenne Lanzic (le comte, non point par peur, mais par un sincère esprit d'égalité, avait pris le moins pompeux de ses noms) passèrent sans difficulté la ligne de recrues, et purent pénétrer à l'intérieur.

Le lendemain soir, Georges montrait de loin, à sa chère Alice, en poussant un cri de joie, les deux petites tours du château de Croïat.

On arriva.

Un homme était debout sur le perron.

Il portait le bonnet rouge, la carmagnole et le caleçon de toile blanche : le costume classique des influents de l'époque.

Georges ne fit qu'un bond de sa voiture jusqu'au perron, et embrassa étroitement cet homme; — il avait reconnu Baptiste.

Celui-ci le considéra quelque temps avec étonnement, puis ses joues devinrent d'une pâleur livide.

— Baptiste! mon frère! disait le comte, voici donc ton noble rêve réalisé!...

Nous sommes libres!... libres!... que Dieu soit béni!...

Baptiste s'était remis; un sourire tout à la fois haineux, hypocrite et triomphant, se jouait sur ses lèvres plissées.

— Comme tu dis, citoyen, répliqua-t-il; — bénissons l'Être suprême... Nos espoirs sont réalisés.

Le comte, dans sa joie vive, ne voyait même pas ce que cet accueil avait de froid et de contraint.

Il répétait les larmes aux yeux :

— Baptiste!... mon excellent frère!... que je suis heureux de te revoir!...

Puis, il prit Alice par la main et ajouta :

— Tiens, voici ta sœur, Baptiste, ma femme.... Elle t'aime déjà...

Baptiste jeta sur Alice un rapide regard et s'inclina.

— Mais entre donc!... reprit Georges. Tu es ici chez toi... N'est-ce pas, Alice, que notre maison est sa maison?

La jeune femme garda le silence.

Elle avait un poids sur le cœur.

— Je le crois, dit simplement Baptiste, répondant aux dernières paroles de Georges.

Il entra.

— Mais embrasse-moi donc, frère! dit le comte quand ils furent dans une des salles.

— Volontiers... fit Baptiste en tendant sa joue.

Ce fut le baiser de Judas.

Moustier sortit un instant après.

Alice avait contemplé toute cette scène avec une surprise mêlée de frayeur.

— Georges, dit-elle, en suivant Baptiste des yeux, — cet homme me fait peur!...

— Folle que tu es! répliqua Georges en souriant, cet homme est l'expression la plus élevée de la vertu civique... et puis, si tu savais comme il m'aime!...

Alice baissa la tête en soupirant et reprit à voix basse :

— Dieu veuille que vous ne vous trompiez point, Georges!

ptiste rentrait à ce moment, escorté d'une douzaine
?mmes de mauvaise mine, couverts d'uniformes en lam-
x.

Au nom de la République, une et indivisible, citoyens
?ts, je vous ordonne d'arrêter cet homme! dit Mous-
qui se tenait à distance, en montrant Georges du doigt.
?ui-ci se leva, le sourire sur les lèvres :

Bapti?te!... voulut-il dire gaiement, — cette plaisan-
...

?ant qu'il eût achevé, les citoyens-soldats avaient porté la
? sur lui.

Misérables! cria Georges qui commençait seulement à
?onner une trahison.

?ustier l'interrompit :

Emmenez-le, citoyens! dit-il, — que ma maison ne soit
?lus longtemps souillée par la présence d'un ci-devant !...
émigré!...

?orges resta stupéfait devant cet excès d'audace et de scé-
?esse.

?t homme appelait le château de Croïat sa maison!

?t homme l'accusait d'être un émigré, lui qui savait si
?les motifs de son absence!...

?indignation étouffait sa voix.

?ne put que répéter ces mots :

Emigré!... moi!...

Silence! interrompit encore Moustier. — Silence, mon-
? le comte de Croïat!

?s mots firent l'effet d'un talisman.

Un comte! s'écrièrent les républicains.

? le poussèrent brutalement, ils l'entraînèrent aussitôt.

?ice avait vu entrer avec effroi ces hommes à l'aspect
?ce.

?rsque leurs mains avaient touché son cher Georges, elle
?t voulu s'élancer; mais, vaincue par l'émotion, elle était
?mbée sans force sur son siége.

?oustier, occupé à se frotter les mains après le départ de
?rges, tourna les yeux vers elle, par hasard.

?ice avait un de ces visages d'une ineffable douceur qu'of-
?parfois le type anglais.

?insi pâle et renversée sur le sofa, ses longs cheveux
?nds dénoués, épars sur son cou blanc comme le marbre,
?était d'une ravissante beauté.

?ptiste la contem?la quelques minutes en silence.

?as un muscle de son visage ne remua; mais il eut un sou-
?narquois et murmura en gagnant la porte :

La jeune femme n'est pas émigrée, que je sache!... pour-
?i suivrait-elle son mari?

?our qui eût connu Moustier, le sort réservé à la pauvre
?e n'aurait point été un mystère.

?t Georges n'était plus là pour la défendre...

VIII

LES FRÈRES TASCHET.

?oici comment M. Moustier était devenu maître et pro-
?taire de Croïat.

?algré sa liaison apparente avec le jeune comte, il était
? d'avoir oublié les affronts qu'il avait reçus au château
?on serme t d'en tirer vengeance.

? tout hasard, il se réjouit donc fort de l'absence de Geor-
? qui l'eût gêné dans ses projets, non pas à cause de l'at-
?hement ou de la reconnaissance qu'il pouvait lui porter,
?ous savons déjà que Baptiste ne s'arrêtait pas pour si peu,
mais parce que le courage de Georges, joint à l'affection
?l l'entouraient les gens du Bourg, pouvaient lui fai?, à
Moustier, lorsque viendrait le temps d'agir, un obstacle
?icile à surmonter.

?u contraire, le départ de Georges lui laissait le champ
?re, et, les événements aidant, sa tâche devint aisée.

?amitié du jeune comte lui avait fait reconquérir une sorte
?familiarité au château, en même temps que la considéra-
? de ses pareils.

? n'eut qu'à employer habilement l'une et l'autre.

?'abord, il feignit de revenir franchement et de plein gré
? habitudes de sa condition.

?l rechercha ses égaux, et ceux-ci lui en surent un gré in-
?

?n peu de temps, il fut l'oracle du village.

Aussi, quand arrivèrent jusqu'à Croïat les premières bouf-
fées du vent révolutionnaire, lorsqu'on y sut vaguement ce
qui s'était passé à Rennes, aux États de Bretagne ; quelles con-
quêtes le tiers ordre avait faites à Paris; lorsqu'enfin l'esprit
de la population, soit entraînement, soit maturité, se mit à
travailler dans le sens du mouvement général, Moustier fut
le chef naturel des patriotes de Croïat, le tribun dont les élu-
cubrations, incomprises sans doute, mais vivement applaudi-
es, eurent le succès le plus éclatant.

Cependant les nobles bretons, après avoir favorisé d'abord
la rancune populaire, étaient débordés par elle et quittaient
leurs châteaux.

Le mouvement s'opéra plus tard, dans cette partie reculée
de la province; mais le jour vint où presque tous les manoirs
du Finistère, abandonnés par leurs maîtres, offrirent une proie
facile aux patri?tes du cru.

Tous ces départs satisfaisaient grandement Moustier; mais
celui qu'il désirait le plus tardait outre mesure à son gré.

La dame de Croïat n'émigrait point.

Bien pis, cinq ou six gentilshommes du voisinage étaient
venus avec leur suite s'établir au château, défendu par ce
renfort, plus que par ses petites fortifications, et menaçaient
d'opposer une vive résistance, si on tentait de le faire évacuer
par la force.

Or, qu'importait l'émigration générale? qu'importait que
le pays fût débarrassé de tous les noms odieux d'oppresseurs
et de tyrans, si le nom qu'il haïssait le plus, lui, Moustier,
florissait encore à quelques cents pas de sa demeure?

C'était comme un jeu du sort, en vérité !

Tout le monde s'en était donné à cœur joie en fait de vengeance, et lui était condamné à voir encore ces détestables
murs, témoins autrefois de sa honte et de sa servitude.

Il avait été comme un valet, et la femme qui avait
sollicité cet outrage vivait encore derrière ces murailles.

Elle foulait toujours l'orgueilleux tapis, la châtelaine; tandis que lui, tout patriote, tout citoyen français qu'il était,
couchait, comme devant, sur la paillasse de famille, entre les
murs humides du taudis paternel.

En bonne justice, la vengeance, pour avoir tardé davantage,
devait être aussi plus complète; les autres avaient tué ou
chassé leurs ennemis et partagé leurs dépouilles ; — Moustier
résolut de faire de même, sauf le partage.

Dès longtemps il avait noué une intrigue galante avec la
demoiselle Thérèse, fille de chambre de la comtesse douairière de Croïat.

La demoiselle Thérèse était laide, beaucoup plus âgée que
lui, et l'aimait par conséquent d'un de ces amours quadragé-
naires, dévoués, tenaces, aussi précieux pour certains hommes
qui savent ou daignent les utiliser, que redoutables pour le
commun des mortels.

Moustier savait que Thérèse était femme à tout braver pour
le servir, et, fort de cette connaissance, il combina tout son
plan, sans même la prévenir du rôle qu'il allait lui imposer.

Tout fut prêt en quelques jours.

Un matin, Baptiste Moustier eut avec Thérèse un entretien
secret.

La faible femme pleura, intercéda pour sa maîtresse et
finit par obéir.

Le soir même, cinquante hommes furent introduits au château, les nobles qui s'y trouvaient furent égorgés, et la comtesse de Croïat, elle-même, conduite prisonnière a Morlaix :
le tout au nom de la République une et indivisible, — qui n'y
pouvais mais.

Moustier se fit servir dans la grande salle le splendide souper préparé pour d'autres convives.

Il y eut fête complète; on but à la santé du peuple dans
des coupes armoriées! on chanta le *Ça ira* à la barbe de tous
les Croïat qui tapissaient les lambris de la salle.

Mais tandis que tous ses compagnons achevaient de s'eni-
vrer, Baptiste sortit sous un prétexte, et se fit conduire par
Thérèse au cabinet du dernier comte.

Là, il ouvrit le coffre-fort de famille, et fit main basse sur
tout ce qu'il contenait.

On devine le reste.

A l'aide des sommes soustraites, Moustier racheta d'abord,
à vil prix, le château lui-même et ses dépendances, puis,
quand l'effervescence se fut calmée, une grande partie des
terres nobles environnantes, ce qui, en 1813, le faisait un
des plus recommandables propriétaires du département.

On doit penser qu'après s'être fait ce siége heureux et confortable, il ne devait pas lâcher prise comme cela au seul
aspect de son ancien ami Georges.

C'était un dernier coup de collier à donner.

En définitive, une fois débarrassé de Georges, il n'avait plus à craindre ni embarras ni inquiétudes.

Georges était le dernier Croïat...

Après avoir laissé Alice seule, évanouie, reprendre ses sens comme elle l'entendrait, Moustier donna immédiatement des ordres pour que Georges fût dirigé sur Morlaix.

Moustier était un homme prudent, il avait prévu de longue main le retour de son ancien protecteur : toutes ses mesures étaient prises.

Entre autres attentions, il l'avait fait lui-même, et sous ses yeux, inscrire sur la liste des émigrés.

Aussi, lorsque Georges se présenta devant le tribunal révolutionnaire, son procès était jugé d'avance.

Il fut condamné à mort et renvoyé dans sa prison pour attendre son tour d'échafaud.

Georges était condamné au nom de la liberté.

Pour mesurer la force de la réaction qui dut s'opérer en lui à ce coup, il suffit de songer à ses sacrifices, à son enthousiasme, à l'ardeur passionnée de sa foi politique.

Georges avait aimé la liberté comme on aime sa première maîtresse ; il lui avait donné tout, jusqu'à son nom !

Et la liberté le condamnait à mort ; et, en regagnant sa prison, il apprenait que sa mère avait porté sa tête sur l'échafaud !

En un jour il vieillit de vingt ans.

Dès lors il confondit dans un mépris commun la liberté, qu'avait fait la République qui exploitait la liberté au profit des passions avides ou sanguinaires de quelques misérables, et le scélérat ignoble qui servait l'une et proclamait l'autre pour arriver à la spoliation, à l'assassinat.

Il n'avait plus assez d'ardeur pour passer de ce mépris à la haine.

Son désespoir était morne, apathique, et s'il versa une larme, ce fut au souvenir d'Alice, la pauvre femme qu'il abandonnait seule, et sur le point d'être mère, loin de sa patrie, dans une terre où il n'y avait pour elle ni un protecteur, ni un ami.

Déjà bien des heures d'attente s'étaient passées pour lui depuis son arrestation.

Le soir du deuxième jour, un geôlier pénétra dans son cachot et lui remit un papier.

Georges le parcourut des yeux, négligemment d'abord ; mais bientôt il se leva en poussant un cri terrible.

Le geôlier avait disparu.

Georges s'élança avec fureur contre la porte de sa prison.

Son désespoir avait changé d'aspect.

Le visage en feu, les lèvres pâles et tremblantes, il parcourait maintenant à grands pas son étroit cachot.

— Mourir !... criait-il par intervalle.

D'autres fois, des larmes brûlantes jaillissaient de ses yeux.

— Alice ! ma pauvre Alice ! disait-il d'un accent déchirant.

La lettre était de sa femme, qui, ne connaissant pas toute l'horreur de son sort, lui demandait du secours.

Elle était seule, sans défense, et Baptiste la poursuivait de ses insultants hommages.

Georges lisait et relisait cette lettre.

Il se sentait devenir fou.

Vers le matin, Georges, épuisé de larmes et de fureur, s'était laissé tomber sur son lit de paille.

Il dormait d'un sommeil fiévreux, plein d'agitation et de fatigue.

— Debout, notre monsieur, debout ! lui cria dans l'oreille une voix qui le réveilla en sursaut.

Georges se leva d'un brusque mouvement, et, à son étonnement inexprimable, ses fers limés tombèrent à ses pieds.

— Qui es-tu ? dit-il à l'homme qui se tenait à son chevet.

— Je n'ai guère le temps de vous en donner des explications, notre monsieur, répondit celui-ci ; — je suis Julien Taschet, un gars de Croïat, qui se souvient de vos bontés, voilà tout.

Georges avait reconnu le geôlier, porteur de la lettre.

Il lui saisit le bras, et voulut lui demander des détails.

Mais Julien l'interrompit :

— Partez, partez, monsieur Georges, dit-il, et Dieu veuille que vous arriviez à temps !... Ecoutez seulement : je serai à Croïat presque aussitôt que vous, avant peut-être... Allez tout droit à la ferme du père Mathurin Taschet ; mes deux frères et moi, nous faisons trois gars solides, sans nous vanter, et tous trois nous sommes prêts à vous servir... n'oubliez pas cela.

Julien avait cambré sa haute taille en parlant ainsi ; et certes, à en juger par lui-même, ce n'était pas un petit secours qu'il offrait à Georges.

Celui-ci lui serra la main en silence.

Julien Taschet avait employé comme il faut son temps, depuis qu'il s'était fait porte-clefs à la prison de Morlaix.

Grâce aux mesures qu'il avait prises, Georges de Croïat put s'évader sans encombre.

— Citoyen ! souviens-toi de la ferme Taschet, lui cria de loin son sauveur, lorsqu'il dépassait déjà les dernières maisons de Morlaix.

Il l'entendit peut-être...

Mais parmi les mille pensées qui se pressaient dans son cerveau, ces paroles glissèrent et il continua sa route en courant.

Il faisait tempête.

Ce même soir, il arriva en vue du château.

La vivacité de sa course, le fracas de l'orage, l'angoisse qui torturait son âme, tout avait contribué à redoubler sa fièvre.

Deux lumières brillaient : l'une dans la salle basse où nous avons introduit le lecteur au commencement de cette histoire, l'autre dans la chambre de feu madame la comtesse de Croïat.

Georges s'arrêta une minute pour reprendre haleine.

A ce moment, il eut un vague souvenir de la prescription de Taschet ; il voulut retourner sur ses pas pour gagner la ferme, mais, dans la chambre éclairée du premier étage, aux draperies de la fenêtre, deux ombres se détachèrent.

Et Georges resta cloué à la même place.

Une tête était à genoux, la tête renversée ; un homme en face d'elle, le visage en avant, les bras tendus en arrière, comme s'il allait se précipiter...

— Alice !... cria Georges d'une voix étranglée par la fureur.

Un autre cri plaintif, éteint, lui répondit à travers les sifflements de la tempête.

Georges s'élança.

La porte s'ébranla sous ses coups redoublés, mais nul ne répondit à l'intérieur.

Alors il monta sur une pierre, et parvint jusqu'à la fenêtre de la salle basse.

Il brisa un des vitraux avec son poing.

Il appela :

— Thérèse !...

— Sainte Vierge !... le jeune monsieur ! dit la maîtresse de Baptiste Moustier.

— Ouvre, femme ! ouvre, au nom de Dieu !... criait Georges épuisé.

Mais Thérèse, au lieu d'ouvrir, s'approcha de la fenêtre et dit à voix basse :

— Eloignez-vous, monsieur Georges, il vous tuera !

La misérable femme, partagée entre le souvenir de son crime et son ancien attachement pour la famille de Croïat, joignit les mains avec effroi.

— Ouvre ! te dis-je, répéta le comte au comble de l'angoisse.

— A la grâce de Dieu ! murmura Thérèse, en se dirigeant vers la porte, c'est vous qui l'aurez voulu !

La porte s'ouvrit.

Georges, écartant la vieille avec violence, monta en trois bonds à l'escalier bien connu.

D'un choc terrible il jeta en dedans la porte de la chambre de sa mère.

Il ne s'était pas trompé : Alice était là, renversée, vaincue par l'attaque brutale de Moustier...

Elle était là, gisant sur le parquet, mêlant à ses gémissements d'horreur des cris de souffrance et d'agonie.

La lutte hideuse avait hâté le terme de sa grossesse...

Mais Georges ne put voir tout cela.

Moustier, troublé par le bruit du marteau avant d'avoir consommé son crime, avait ouvert doucement la fenêtre et reconnu Georges, pendant son pourparler avec Thérèse.

A peine celui-ci paraissait-il derrière la porte brisée, que deux coups de pistolet l'étendaient roide sur le carreau.

Dans la nuit, Alice mourut en donnant le jour à un fils.

Pour Georges, grâce aux soins des frères Taschet, arrivés sur le lieu de la scène quelques minutes trop tard, grâce surtout à la demi-complicité de Thérèse, qui crut prêter les mains à un enterrement chrétien et non à une fuite, il fut, bien que blessé grièvement, transporté à la ferme, puis embarqué à Saint-Paul-de-Léon.

Depuis lors, avec ses libérateurs qui ne le quittèrent jamais, il fit la guerre en Vendée.

Dans les rangs de l'armée catholique, parmi les chouans du Nantais, avec les compagnons de Cadoudal (car il suivit toutes les phases de cette lutte) il combattit toujours et vaillamment.

Mais ce ne fut point avec cette conviction chevaleresque qui, suivant le mot de Napoléon, fit de cette guerre un long combat de géants.

Georges n'était plus républicain, il ne croyait plus à la liberté; mais nulle foi n'avait remplacé celle-là dans son cœur.

A diverses époques, Julien Taschet, envoyé par le comte, était revenu à Croïat.

C'avait été sans résultat notable.

Moustier murait soigneusement sa vie intérieure.

Tout ce que Julien put rapporter à Georges, retiré en Angleterre, après la pacification de la Bretagne, fut une presque certitude de la mort d'Alice et l'existence d'une jeune fille élevée par Moustier comme son enfant.

Enfin, malgré sa répugnance à revoir ces lieux, témoins de son malheur, Georges ne put se résoudre à rester plus longtemps dans l'incertitude sur un intérêt si cher : l'existence de son enfant.

Il passa la mer.

Pour se mettre à l'abri des entreprises de Moustier, autant que pour faire impression sur les paysans superstitieux de ses anciens domaines, il endossa et fit endosser à ses trois compagnons, les frères Taschet, le singulier costume sous lequel nous l'avons présenté au lecteur.

Ce fut alors qu'arrivèrent à Lanmeur les chouans sous la conduite de Cadour.

Georges était porteur d'un brevet de lieutenant-général conquis dans les guerres de la première chouannerie; il s'en servit pour avoir sous ses ordres une troupe de ces hommes dont il avait appris à connaître la vaillance et le dévouement à leurs chefs.

Un mot encore sur Georges.

Sans vouloir prétendre qu'il eût pardonné à son misérable ennemi, nous dirons que son retour était exempt de tout motif de vengeance.

Il n'y avait plus alors d'émigrés; sa plainte eût été reçue par tous les tribunaux; mais, outre qu'il dédaignait de recourir à un pouvoir qu'il ne reconnaissait pas, qu'il était tout prêt à combattre, sa fierté se révoltait à l'idée d'une lutte même judiciaire contre Moustier.

Il avait, pour Moustier, un mépris sans bornes; un mépris tel que, face à face avec lui, il ne l'eût point écrasé peut-être, de peur de souiller ses mains.

D'ailleurs, Georges était une âme d'élite qui, froissée dans tout ce qu'un homme a de plus cher, s'était repliée sur elle-même, sans pouvoir devenir haineuse ou vindicative.

IX

LE MENDIANT.

Nous avons laissé Moustier regagnant le château après la rencontre du Mendiant dans le bois de Plougaz.

Il marchait absorbé par des réflexions peu agréables en apparence, et plusieurs fois il lui échappa de murmurer en se parlant à lui-même.

— Ce mendiant m'est décidément suspect !

Charles Bernard s'était approché de lui sans défiance. La préoccupation de cet homme, dans un moment où sa fille courait un si grand danger, l'indigna.

— Eh! qu'importe le Mendiant, monsieur? dit-il avec brusquerie ; — n'est-il pas temps de songer un peu à mademoiselle Anne?

Moustier regarda le jeune homme à la dérobée.

C'était la première fois que la possibilité d'un amour entre sa fille et le fils de sa victime venait frapper son esprit.

— Comtesse de Croïat, murmura-t-il avec un sourire douteux. — Eh! eh!... si les choses venaient à changer un jour!...

C'était la première fois aussi que Charles s'émancipait jusqu'à parler sur ce ton à son bienfaiteur.

Par un raffinement de volupté vindicative, Moustier tenait le descendant de Croïat dans un état de dépendance absolument semblable au sien lorsque, fils d'un pauvre fermier, il avait été accueilli par le vieux comte.

Le jeune homme était fier et bouillant.

Souvent il avait frémi aux caprices insultants du parvenu; mais cet amour, que Moustier soupçonnait pour la première fois, existait dans le cœur de Charles depuis l'enfance.

Cet amour était profond et mêlé de reconnaissance.

Charles aurait supporté plus encore.

Pouvait-il trop payer la tendresse qu'Anne, la charmante fille, l'opulente héritière, daignait lui accorder, à lui, pauvre et sans parents...

Charles se croyait, en effet, comme nous avons pu le dire, le fils d'un pauvre artisan assassiné par un Croïat.

Moustier avait rebattu ses oreilles de ce mensonge perfide, et Thérèse elle-même, sans le savoir, avait aidé à fortifier cette erreur.

Baptiste avait ordonné à la vieille, sous les plus terribles menaces, de garder, sur tout ce qui concernait Georges, un silence absolu; et lorsque, dans son enfance, Charles lui demandait des détails sur son père, la pauvre femme, le front pâle, la larme à l'œil lui répondait en baissant la voix :

— Ne parle jamais de cela, mon petit Charles!... ton père était un homme bon et malheureux...

— Et ma mère?

— Elle était belle, ta mère, sainte Vierge ! elle était trop belle...

— Et leur assassin? disait Charles avec la ténacité de son âge.

— Leur assassin, répétait la vieille femme, oh! celui-là était puissant !... Ne parle pas de tout cela, mon petit Charles!

Ces réponses concordaient trop bien avec les récits de Baptiste pour ne pas entretenir la haine de l'enfant contre les nobles.

Plus il grandissait, plus cette haine s'enracinait et devenait sérieuse...

Moustier n'eut pas l'air de prendre garde à la brusque apostrophe de Charles.

Il ajouta, certain de changer subitement le cours de ses pensées.

— C'est quelque noble déguisé, sans doute...

En effet, l'œil du jeune homme brilla tout à coup.

— Un noble, dit-il vivement. — Qui peut vous porter à le croire?

Moustier ne répliqua point.

Ils arrivaient devant le perron du château.

Moustier, au lieu de répondre, congédia la plupart des paysans, ne gardant que Hervé, M. Lefeuvre et ses propres domestiques.

Charles l'arrêta en haut du perron.

— J'ai une grâce à vous demander, dit-il.

— Voyons... répliqua Moustier.

— Permettez-moi de prendre ces braves gens, dit Charles, — j'attaquerai les chouans dans leur repaire.

Moustier réfléchit un instant.

— J'aime mieux les payer, dit-il ensuite.

— Quoi!... traiter avec ces misérables !...

— C'est plus sûr... en attendant qu'on les prenne au piége comme des bêtes fauves qu'ils sont.

— Mais... voulut encore dire Charles.

— Monsieur Bernard, interrompit sèchement Moustier, — je sais ce que j'ai à faire.

Il fit jouer le marteau de la grande porte.

Personne ne répondit.

Les coups redoublèrent; même silence.

— Thérèse ! vieille diablesse d'enfer ! hurlait Moustier, dont le froid doublait l'impatience.

— Elle se sera endormie au coin du feu, la pauvre vieille, dit Charles.

— Dis plutôt qu'elle a mené le sabbat sur la lande, la sorcière...

Tout en parlant, Moustier poussa, par hasard, la porte qui céda.

— Toute grande ouverte, ma foi ! dit-il avec étonnement.

A ces mots, il entra furieux, et s'élança vers la vieille, affaissée sur son escabelle, dans la position où l'avait laissée le Mendiant.

— Pourquoi la porte est-elle ouverte, sorcière? dit-il en la secouant.

— Laissez-moi! laissez-moi! répondit Thérèse d'une voix étouffée et sans ouvrir les yeux. — Quand vous me tueriez sur la place, je n'en pourrais dire davantage.

Elle croyait avoir affaire encore au terrible Mendiant.

Moustier lui lâcha le bras.

— Elle est ivre ! grommela-t-il en s'éloignant.

Pendant cela, les gens de sa suite qui, aussitôt entrés, s'étaient hâtés de gagner le foyer, reculèrent comme d'un commun accord.

— Il est venu ici ! dirent plusieurs voix effrayées.

Ces accents d'épouvante, plus en rapport avec l'état normal de Thérèse, semblèrent la tirer à demi de son assoupissement.

Elle étendit les bras avec fatigue et dit :

— Oui ! oui ! il est venu. — Est-il donc parti ?...

— De qui parle-t-elle ? demanda de loin Moustier.

Ses gens lui montrèrent en silence le manteau laissé par le Mendiant.

Moustier changea de couleur.

— Encore cet homme ! murmura-t-il.

— Quoi ! il est venu ici ! dit Charles en examinant le manteau.

— Toujours !... répétait Moustier ; — qui donc nous débarrassera de lui !... — Charles, continua-t-il en prenant le jeune homme à part, j'ai réfléchi : je consens à t'envoyer vers les chouans, mon fils... mais je ne veux pas que tu t'exposes !... Viens, je vais te donner deux sacs de mille francs. Mon brave garçon... j'en donnerais cent fois autant plutôt que de risquer de te perdre !...

Charles le suivit, étonné de ce subit accès de tendresse.

Pendant qu'ils s'éloignaient, un colloque s'établit entre les paysans et les domestiques rangés autour de Thérèse.

— La vieille, que vous a-t-il fait ? demanda Hervé.

Elle garda le silence.

— Est-ce qu'on raconte ces choses-là ? dit un domestique en haussant les épaules ; — à propos, avez-vous remarqué ? dans le bois ?... il n'avait pas son manteau.

— Puisque le voilà ! s'écria Hervé.

— C'est juste, tout de même ; la main me brûle de lui avoir touché son collet.

— Je crois bien !...

— On me hacherait en morceaux, murmura un vieux paysan, avant de me faire passer la nuit à l'endroit où nous l'avons rencontré.

— Bah ! dit Hervé, on le rencontre partout.

— Mais que lui a-t-il donc fait, à cette pauvre dame Thérèse ?

Hervé baissa la voix.

— Il lui aura fait une croix sur la nuque, répliqua-t-il, et elle aura vu sa mère en enfer.

— C'est pourtant possible !

— Ou il lui aura soufflé dans l'oreille le jour et l'heure de sa mort...

— Pauvre vieille !

A l'approche de Moustier, qui revenait avec Charles, tout se tut.

Le maître de Croïat portait dans chaque main un sac de mille francs.

Après qu'il eut dit quelques mots à l'oreille du jeune homme, sans doute un reste d'instruction, ils échangèrent un regard ; puis Moustier fit ranger tout le monde autour de lui.

— Mes amis, dit-il d'un ton paternel, demain vous obéirez à monsieur Charles, qui me remplacera... j'avais le choix d'attaquer ce brigand à force ouverte ou de payer rançon, mais à Dieu ne plaise que le salut de ma fille me coûte le sang d'un homme !... Charles, s'ils ne sont pas contents de cette somme, vous doublerez... triplerez, s'il le faut.

Maintenant, écoutez-moi bien, continua-t-il en baissant involontairement la voix. — si vous rencontrez cet homme que vous appelez le Mendiant, vous l'arrêterez !

— Seigneur Dieu ! dirent ensemble les paysans, — arrêter le Mendiant !

— Si vous n'osez pas, je m'en charge, moi ! s'écria Charles.

— Avez-vous donc peur de ce misérable ! ajouta Moustier avec un sourire forcé.

Comme il achevait ces mots, la porte qu'on avait oublié de fermer donna passage à un homme, tenant par la main une femme voilée.

Il vint se poser juste en face de Moustier, qui recula brusquement de trois pas.

— Le Mendiant !... dirent les domestiques épouvantés.

Thérèse, toujours assise dans son coin, avait ouvert les yeux à demi à cette exclamation...

— Lui... lui ! dit-elle, vient-il nous punir tous !

Elle se leva, poussée par une terreur invincible, et se jeta sur la terre, aux genoux du nouvel arrivant, en criant : Pitié !

— Silence ! dit le Mendiant à voix basse.

Puis il ajouta tout haut :

— Faites retirer cette folle, monsieur Moustier... j'ai à vous parler d'affaires sérieuses.

Moustier, qui cherchait à dominer son trouble, fit signe qu'on emmenât Thérèse.

— Que venez-vous chercher dans ma maison ? dit-il ensuite d'une voix mal assurée.

— Je viens vous épargner une peine ainsi qu'à ces braves gens, répondit le nouveau venu ; — le trou des chouans est loin : la route malaisée... J'ai été vous chercher votre fille.

— Ma fille ! dit Moustier avec plus de surprise encore que de joie.

— Anne ! s'écria Charles avec passion.

Et il s'élançait vers elle.

— Arrêtez, jeune homme ! fit tranquillement le Mendiant. Rien pour rien !... Avant de rendre mademoiselle je veux faire mes conditions.

Moustier ouvrait la bouche pour ordonner à ses gens de se précipiter sur cet homme ; mais il se contint.

Prenant ensuite une résolution soudaine, il s'avança vers le Mendiant, qui avait tendu le bras de son côté en parlant, et lui mit dans la main un sac de mille francs.

— Tiens, voilà ta récompense, dit-il ; es-tu content ?

Le Mendiant retira sa main, et l'argent tomba lentement à terre.

— Entre nous deux, Baptiste Moustier, prononça-t-il d'une voix sourde, — ce n'est pas de l'or qui peut solder le compte.

Moustier était plus pâle qu'un mort.

Il considérait le Mendiant d'un air épouvanté.

— Qui es-tu donc ? que veux-tu ? balbutia-t-il.

— Je suis... répondit l'étranger, — qu'importe le nom d'un mendiant ! je veux... ce jeune homme était naguère en mon pouvoir... je veux qu'il me soit livré sur l'heure !

Rapide comme la pensée, Charles avait dégainé :

— Misérable chouan !... dit-il en se précipitant sur l'inconnu.

Le Mendiant mit froidement la jeune fille entre lui et son adversaire.

Puis, posant son doigt dans sa bouche, il fit entendre un sifflement aigu.

Tout le monde, dans la salle, connaissait ce signal.

Tout le monde se tourna vers la porte avec une anxiété terrible.

L'attente ne fut pas longue : une seconde après, vingt-cinq chouans, armés jusqu'aux dents, étaient rangés entre le Mendiant et les spectateurs effrayés.

— Ils ne sont que deux contre un, mes braves ! s'écria Charles au comble de l'exaltation ; en avant ! — en avant !...

L'intrépide jeune homme, joignant l'exemple au précepte, s'était jeté au milieu des assaillants, mais personne ne le suivait, et, malgré ses efforts désespérés, il fut désarmé et fait prisonnier.

Anne elle-même lui fit un obstacle involontaire ; car, au moment où il s'élançait sur les chouans, elle se dégagea vivement des bras qui la retenaient, et, au lieu de se retirer vers son père, elle se jeta en pleurant au devant de Charles.

Le Mendiant avait vu avec une joie évidente l'attaque chevaleresque du jeune homme.

— Qu'il ne lui soit point fait de mal ! cria-t-il d'une voix forte.

Et il ajouta mentalement : — Dieu soit loué ! le sang des Croïat n'a point dégénéré !

A la vue des chouans, Moustier s'était reculé jusqu'à la muraille ; sa tête se courbait sur sa poitrine avec découragement.

De loin, son œil furtif et inquiet suivait tous les mouvements du Mendiant.

— Serait-ce lui !... se disait-il.

Le Mendiant ou le comte Georges de Croïat, comme voudra l'appeler le lecteur, s'avança lentement vers lui.

— Baptiste Moustier, dit-il d'une voix grave, — tu es en mon pouvoir, toi qui as versé le sang de tant de nobles royalistes !...

Les chouans s'agitèrent sourdement à ce préambule.

— Silence ! continua le comte. Tu es, dis-je, en mon pouvoir... que je fasse un signe, et mes hommes vont te broyer sous leurs pieds !...

Un piétinement de terrible augure fit grincer le plancher de la salle ; les chouans semblaient s'exercer à vide en attendant le corps de Moustier.

Celui-ci tremblait de tous ses membres et ses dents claquaient.

— Silence ! dit encore le comte ; — ce serait justice, Baptiste Moustier... Mais je te pardonne en faveur de ce brave enfant que voilà !

Il montrait Charles.

Moustier, dont la respiration était interrompue depuis le commencement de ce discours, poussa un long soupir de soulagement.

— Reprends ta fille! ajouta le Mendiant.

— Oh! ce ne peut être lui! murmura en lui-même Moustier; — il ne pardonnerait pas!

— Pour vous, jeune homme, reprit le Mendiant en s'adressant à Charles, — il ne me convient pas que vous soyez prisonnier.. vous êtes libre...

— Quoi!... monsieur! dit Charles étonné.

— Mais, reprit le Mendiant, il faut que demain soir, à neuf heures, vous vous rendiez seul à la clairière du bois de Plougaz... seul, entendez-vous!

— J'y serai.

— Sur votre honneur?

— Sur mon honneur.

— J'y compte.

A ces mots, le Mendiant fit à la jeune fille un salut respectueux; puis, prenant congé de Charles avec une politesse étrange dans un moment pareil, il ordonna la retraite.

Les chouans avaient rendu le jeune prisonnier avec une mauvaise humeur non équivoque.

A l'ordre de leur chef, ils restèrent indécis.

— Et le vieux buveur de sang?... disaient-ils; on le laissera comme ça!...

Le Mendiant, qui avait déjà fait quelques pas vers la porte, revint d'un bond au milieu de la salle.

— M'avez-vous entendu?... dit-il.

— Faut être juste, murmura un paysan; rendre les prisonniers, refuser l'argent des patauds!... ça ne peut pas nous aller!... pas vrai, vous autres?

Le Mendiant se dressa de toute sa hauteur, et, rejetant en arrière le long manteau qui le couvrait, il parut tout à coup revêtu d'un brillant costume de lieutenant général.

— Qui a parlé? dit-il en parcourant sa troupe d'un regard hautain et sévère.

— Moi, sauf votre respect, dit humblement un paysan.

C'était un vieillard à tête chauve.

Le mendiant fit un signe, et il sortit des rangs.

A un second signe, il s'avança, le front bas, en roulant son bonnet entre ses doigts.

— Plus près encore! dit froidement le chef.

Et il arma un pistolet.

En ce moment, la résine presque consumée jetait une dernière et lugubre clarté.

Le Mendiant tourna le dos à la lumière.

Sa grande taille se dessinait, dans ces demi-ténèbres, avec une majesté presque surnaturelle.

Ses longs cheveux flottaient sur son écharpe blanche, et son habit resplendissant d'or envoyait un pâle reflet jusqu'à son visage.

Moustier le dévorait des yeux.

— Fais ta prière, dit-il au chouan.

Celui-ci se mit à genoux et récita lentement un *Pater.*

Avant de se relever, il dit:

— Il y a vingt ans que je sers le roi dans les landes.

— C'est vrai! appuya toute la troupe.

— Relève-toi! dit le Mendiant.

Le pauvre diable obéit.

— J'ai perdu trois fils à la bataille, reprit-il; que le bon Dieu ait pitié de moi!...

— Grâce!... grâce! murmura-t-on alentour.

Le Mendiant hésita une seconde; puis, remettant le pistolet à sa ceinture:

— Comment te nomme-tu? dit-il.

— Mathurin Morvan, de Pornic.

— Au nom du roi, prononça solennellement le mendiant, Mathurin Morvan, je te fais grâce de la vie... va! tu ne fais plus partie des armées de Sa Majesté.

Le paysan resta comme frappé de la foudre.

— Tuez-moi! dit-il enfin, — tuez-moi, pour l'amour de Dieu!

— Grâce! répétait toute la bande, le bonnet à la main.

Le Mendiant se dirigea vers la porte.

— En route! dit-il.

Le ton bref et impérieux de cet ordre n'admettait pas de réplique.

Les chouans se retirèrent en silence, non sans jeter un dernier regard à leur malheureux camarade.

— A neuf heures, demain! dit le comte à Charles en sortant le dernier.

Le jeune homme répondit:

— Je ne l'ai pas oublié!...

Cependant le chouan dégradé s'était mis à genoux sur le passage de son chef.

Celui-ci le repoussa sans rudesse, mais avec fermeté.

Il sortit.

— Pauvre malheureux, dit Charles ému de compassion, tu resteras avec nous.

Le chouan, qui avait laissé tomber sa tête dans ses mains, se releva brusquement.

Un sourire méprisant et amer éclaira son visage, et sans dire une parole, tirant un pistolet de sa ceinture, il se fit sauter la cervelle...

X

LE BERCEAU.

C'était le lendemain des événements que nous venons de rapporter.

Dans une petite chambre octogone, éclairée par une seule meurtrière, et formant le dernier étage de la tour enclavée au corps de logis du château, Thérèse dormait, couchée sur un misérable grabat.

Un homme était assis à son chevet.

Thérèse, dans son sommeil, laissait tomber des paroles sans suite, que cet homme recueillait avidement.

Moustier, c'était lui, semblait suivre les diverses phases du rêve de la pauvre vieille avec une singulière inquiétude.

De grosses gouttes de sueur tombaient à chaque instant de son front; il se levait, puis se remettait aussitôt aux écoutes, comme s'il eût espéré quelques paroles qui dussent enfin diminuer sa frayeur.

Mais à mesure que Thérèse avançait dans son rêve, loin de se rassurer, le maître de Croiat perdait de plus en plus contenance.

Enfin, n'y pouvant plus tenir, il éveilla la vieille femme.

Celle-ci se dressa sur sa couche, et promena autour d'elle un regard épouvanté.

— Tu l'as donc vu? dit Moustier.

— Qui?... de qui me parles-tu? demanda Thérèse en mettant sa main devant ses yeux comme si elle eût redouté quelque vision.

Puis elle ajouta:

— Lui!... non! j'ai fait un rêve affreux!... car ce n'est qu'un rêve, j'en suis sûre; n'est-il donc pas mort?

Moustier baissa la tête.

— Qui sait?...

— Qui le sait, en effet, poursuivit la vieille femme, si tu ne le sais pas, Baptiste?... toi, son meurtrier... Oh! ne plaisante pas avec ces souvenirs!

— Eh! je ne plaisante pas! dit Moustier, qui avait peine à dissimuler son malaise; mais... il t'a fait des questions?

— Encore!... s'écria Thérèse; — serait-ce donc vrai, mon Dieu!

A mesure qu'elle s'éveillait plus complétement, le souvenir de son entrevue avec le Mendiant lui revenait plus distinct.

Dès qu'elle en fut arrivée à ne plus douter, l'envie lui vint de donner le change à son maître.

Thérèse détestait maintenant Moustier autant qu'elle l'avait aimé autrefois.

Son être usé, raccourci en quelque sorte par l'âge et le malheur, n'avait plus assez de conscience peut-être pour se repentir, mais il lui restait une faculté instinctive et double.

Une rancune haineuse contre l'instigateur premier de sa faute, et un culte superstitieux et craintif pour la mémoire de ceux qu'elle avait contribué à perdre autrefois.

— Répète-moi ce qu'il t'a dit, ma bonne Thérèse, reprit Moustier en s'appuyant familièrement sur le lit.

Thérèse le regarda d'un air innocent.

— Sainte Vierge!... dit-elle, si c'est lui, il est bien changé, n'est-ce pas?

— Vingt années peuvent changer le visage d'un homme... mais, réponds-moi... t'a-t-il parlé de... d'elle?...

— Sa femme? dit Thérèse en souriant, oui... je m'en souviens, une jolie dame, celle-là!... elle avait nom Alice.

C'était assez l'habitude de la vieille de feindre l'idiotisme quand Moustier la pressait de questions auxquelles il ne lui plaisait pas de répondre. Aussi jouait-elle son rôle passablement.

— Réponds-moi! Thérèse! dit son maître avec un commencement d'impatience.

— Oui, oui! continua-t-elle, de beaux cheveux blonds, une voix douce comme la voix d'un ange... oh! c'était une bien jolie dame!... oui, oui.

— Damnée!... murmura Moustier.

— Oh! que non, s'écria Thérèse en affectant de se méprendre, pas elle... mais nous, Baptiste! toi, qui l'as tuée! Elle, damnée! sainte Vierge! non, elle est dans le ciel, où elle prie Dieu de te garder une bonne place dans l'enfer... Ah! ah! ah! ah!

Thérèse grommela encore quelques mots avec un ricanement stupide; puis, cachant sa tête sous les couvertures, elle n'opposa plus aux questions de son maître qu'un silence morne et obstiné.

Moustier quitta la partie, de guerre lasse.

— Qu'ai-je besoin de ses réponses, après tout? se disait-il en descendant l'escalier de la tour; c'est lui! je ne l'ai que trop bien reconnu!...

Poursuivi par cette pensée qui ne l'avait pas laissé fermer l'œil de la nuit, et qui le tourmentait encore depuis le matin, il descendit au jardin.

Là, sous un berceau, touffu sans doute en été, mais alors dépouillé de ses feuilles, Anne et Charles étaient assis.

Les deux jours précédents avaient été si féconds en événements; on avait, de part et d'autre, tant de choses à se dire!... Charles, dans le feu de son débit, avait passé son bras autour de la taille de la jeune fille, et continuait à parler avec chaleur.

Anne, les yeux baissés, souriait et secouait doucement sa jolie tête blonde en l'écoutant.

Moustier, prenant au hasard sa préoccupation, passa derrière le berceau.

Le treillage nu ne put lui cacher aucun détail de la scène; mais, absorbé par son idée fixe, il allait poursuivre sa route, après avoir jeté sur le couple un regard indifférent, lorsqu'une pensée diabolique vint à surgir dans son cerveau.

Il s'arrêta tout à coup.

— Oui... oui! dit-il, tandis que son œil brillait d'un éclat cruel derrière son épais sourcil, — oui!... cependant... diable! ce serait trop fort! son père!... non; il ne faut pas qu'il le tue... qu'il me l'amène seulement; après... après, nous verrons.

Le bruit d'un baiser, qui retentit à son oreille, coupa court à ses réflexions.

— Je t'aime!... oh! je t'aime! disait Charles.

— A moi la réplique, pensa Moustier.

Il composa rapidement son visage et entra sous le berceau.

— Oh!... fit-il en reculant, comme si l'étonnement et la douleur l'eussent frappé à l'improviste.

Puis il ajouta avec une amertume admirablement jouée :

— Voilà donc la récompense de mon hospitalité... de mes bienfaits!

— Monsieur Moustier!...

— Mon père! dirent ensemble les deux jeunes gens.

Moustier s'était croisé les bras sur sa poitrine pour donner plus de force à son apostrophe.

Charles se tenait debout devant son juge, tandis qu'Anne, confuse, cachait sa figure entre ses mains.

— Sortez à l'instant de ma maison, monsieur! reprit Moustier d'un ton grave.

— Monsieur!... balbutia Charles.

Moustier leva les yeux au ciel.

— Je croyais connaître la perversité des hommes! murmura-t-il en se parlant à lui-même, — mais l'ingratitude poussée à ce point!...

Il s'arrêta comme suffoqué.

— Par pitié, monsieur, veuillez m'entendre, reprit Charles qui avait recouvré quelque assurance. — Je suis innocent.

— Silence, monsieur, n'ajoutez pas le mensonge!...

— Monsieur... je vous proteste.

— Silence, vous dis-je!... Et vous, mademoiselle, osez-vous vous dire innocente?

Anne, la pauvre enfant, ne répondit que par un torrent de larmes.

— Je répondrai pour elle, moi! dit Charles avec dignité: — oui, monsieur, elle est innocente, innocente comme les anges du ciel!

— Trêve de grands mots, s'il vous plaît, répliqua Moustier durement, — espérez-vous me tromper encore? Je vous ai recueilli, je vous ai servi de père... et vous!... vous avez séduit ma fille!

— Je vous jure...

— Car elle t'aime! s'écria Moustier en changeant de ton, — je ferais le serment qu'elle t'aime!...

Il regarda Charles en face et ajouta, en croisant ses bras sur sa poitrine:

— Qu'avez-vous espéré, mnosieur?

Charles n'eut garde de répondre.

Il ne s'était jamais adressé à lui-même cette question, si simple pourtant; aussi, quand il vint à mesurer la distance que mettait, entre sa maîtresse et lui, la fortune de M. Moustier, il baissa la tête à son tour.

Moustier lui jeta un regard foudroyant, et prit à part la jeune fille.

— Anne, l'aimez-vous? dit-il d'un ton sévère et paternel tout à la fois.

Pour obtenir réponse, il fut obligé de répéter à trois reprises sa question; enfin la jeune fille articula, entre haut et bas, un oui suffisamment intelligible.

— Malheureuse enfant! s'écria Moustier avec un geste théâtral. — Voilà ce que je craignais!...

Il saisit le bras de la jeune fille et regagna le château à grands pas.

Dix minutes après, Charles, mandé par son ordre, était introduit dans son cabinet.

Moustier lui montra gravement un siége, le regarda d'un œil austère et commença :

— J'ai réfléchi, monsieur... Il faut que vous épousiez ma fille!...

— Se pourrait-il? interrompit Charles, subitement ravi au septième ciel.

— Ou que vous soyez chassé du pays comme un misérable et un mendiant!... continua Moustier d'un ton glacial.

Ne m'interrompez pas, reprit-il au moment où Charles ouvrait la bouche pour lui répondre; — je suis maire de Croïat; ce sera la chose du monde la plus facile... bien, bien!... Encore une fois, ne m'interrompez pas!... Je sais que vous allez me dire : Je ne demande pas mieux que d'épouser Anne; mais, moi, je ne veux pas, monsieur, entendez-vous!

— S'il faut partir, monsieur... dit enfin Charles, tandis que Moustier reprenait haleine.

Mais celui-ci lui imposa silence d'un geste, et reprit aussitôt.

— Non, monsieur, je ne veux pas... ou plutôt, je ne le veux qu'à une seule condition.

— Laquelle? demanda vivement Charles.

— Veuillez m'écouter attentivement, je vous prie... je vous ai déjà touché quelques mots sur ce sujet, et vous m'avez paru disposé...

— Par grâce! de quoi s'agit-il?

— Voilà : J'ai un fort grand intérêt à ce que cet homme qu'on appelle le Mendiant, et qui n'est autre, je vous l'ai déjà dit, qu'un ancien noble du pays...

Moustier sembla hésiter.

— Eh bien?... fit Charles, bouillant d'impatience.

— Permettez!... J'ai un fort grand intérêt à ce que cet homme soit arrêté.

— Donnez-moi vingt-cinq hommes, interrompit Charles.

— Je vous les donnerai... J'ai surtout à cœur d'éviter le bruit.

Moustier s'arrêta encore, croyant être compris à demi-mot.

Voyant que Charles le regardait toujours, comme s'il attendait une explication, il reprit, non sans quelque embarras.

— Je voudrais que cette capture se fît... en famille... c'est-à-dire... enfin, monsieur, je veux éviter le retentissement à tout prix!

— A tout prix! répéta Charles avec hésitation.

— A tout prix!... me comprenez-vous?

— Je ne sais...

— Je vais donc m'expliquer davantage... Vous avez un rendez-vous avec cet homme...

Charles fit un geste auquel Moustier se méprit.

— Fi donc! continua-t-il, croyant deviner la pensée du jeune homme, — vous ne courrez aucun danger... je l'entends comme cela. Vos hommes seront embusqués d'avance...

— Jamais! s'écria Charles avec force, c'est une infâme trahison que vous me proposez là, monsieur!

Il y avait tant d'énergie, tant de noblesse hautaine dans la pose et dans la voix du jeune homme, que Moustier n'osa poursuivre.

Cependant, il balbutia au bout de quelques secondes :

— Permettez ! c'est une simple ruse de guerre.

Mais Charles s'inclina froidement, et gagna la porte sans l'écouter davantage.

Moustier resta quelques instants déconcerté.

— Ce damnable sang ne peut donc mentir ! murmura-t-il enfin avec humeur ; — nous tâcherons de nous passer de lui.

Et sans plus s'occuper de l'amour de Charles et de l'imprudence de sa fille, l'excellent père se mit à bâtir un plan de campagne pour s'emparer du Mendiant.

Par extraordinaire, il avait parlé franchement.

Il lui importait qu'à tout prix cette capture se fît sans éclat...

En effet, les formes de la justice criminelle ont peu varié depuis 1813 ; alors comme aujourd'hui, la publicité d'un débat judiciaire était chose redoutable pour un homme dans la position de Moustier.

Si le Mendiant s'asseyait en face d'un jury, le maître de Croïat n'avait plus qu'à fuir la France à son tour ; car, si vieux que soit un forfait, il surgit toujours des témoins quand vient le lieu de sonner l'heure de la justice.

Or, Moustier savait jusqu'à quel point on pouvait se fier à la parole de Charles ; si le jeune homme eût voulu promettre son aide et le silence, toute inquiétude aurait disparu ; mais il n'y fallait plus compter, et l'embarras était de le remplacer convenablement.

Pour ce, Moustier jeta les yeux sur son adjoint, M. Lefeuvre.

M. Lefeuvre n'était ni brave ni dévoué pourtant ; mais il passait pour ne pas craindre le diable et, dans la circonstance, c'était un grand point.

Moustier eut avec lui une longue conférence.

L'adjoint n'était pas sans se douter d'une partie des hauts faits de son opulent supérieur.

Cette entrevue lui valut profit double :

D'abord, une conviction complète touchant la scélératesse de M. le maire.

Ensuite, une somme assez ronde pour payer sa discrétion.

Moyennant quoi, M. Lefeuvre consentit à prendre vingt-cinq hommes parmi les plus résolus du bourg, et à guetter le Mendiant, au lieu du rendez-vous.

— Ah çà ! monsieur Lefeuvre, dit Moustier en prenant congé de lui, — bien entendu qu'il n'est pas nécessaire de tuer cet homme.

— S'il résiste ?... insinua l'adjoint.

— S'il résiste ?... répéta Moustier, dam !... écoutez donc, vous ferez pour le mieux !... Dans un pareil moment, un malheureux coup est si vite porté !

Lefeuvre fit un geste énergiquement approbateur.

Bien que cet homme fût fort avant dans sa confiance maintenant, Moustier craignit d'avoir été par trop explicite.

— Non pas, non pas ! continua-t-il, en répondant à cette crainte, — je n'ai pas pu dire cela... Au demeurant, monsieur Lefeuvre, vous êtes un homme prudent ; je m'en rapporte tout à fait à vous.

<h3 style="text-align:center">XI</h3>

L'ÉCHARPE BLANCHE.

Charles sortit du cabinet de Moustier la tête en feu et le désespoir dans le cœur.

Il n'était pas de ceux qui s'élèvent d'abord avec indignation contre la honte proposée, pour capituler ensuite ou revenir sur un premier refus.

Il ne se repentait pas ; seulement, en songeant à la fille de Moustier, à son amour qu'il savait partagé maintenant, il maudissait le sort qui, par un jeu cruel, semblait lui présenter d'une main le bonheur pour le lui arracher de l'autre.

Il parcourait tristement les allées du jardin, cherchant Anne pour lui faire ses adieux, lorsqu'il s'entendit appeler par son nom.

Il leva les yeux et ne vit personne aux fenêtres du château.

Mais on l'appela une seconde fois, et il reconnut la voix cassée de Thérèse.

La vieille femme, qui avait toujours vu en lui non pas l'enfant élevé par compassion, mais le fils de l'héritier de ses anciens maîtres, lui témoignait, en toute occasion, une tendresse que la force des souvenirs changeait parfois en respect.

Charles était pour elle un enfant, — car, ne comptant plus depuis longtemps les années, elle ne s'était point aperçue qu'il était devenu un homme, — mais un enfant dont elle était la servante née.

Depuis le matin de ce jour, elle était tourmentée du désir de le voir. Les émotions de la nuit avaient trop rudement secoué son vieux corps, elle se sentait mourir ; et, avant d'aller rendre compte à Dieu de sa longue vie, elle voulait, en dévoilant à Charles le secret de sa naissance, sinon réparer la faute, éviter du moins de nouveaux malheurs.

Charles, de son côté, avait besoin de confier ses chagrins à quelqu'un.

Il répondit aussitôt à l'appel de Thérèse ; mais, tandis qu'il montait l'escalier de la tour, la vieille avait senti sa résolution faiblir. — Elle avait pensé à Moustier.

Que deviendrait-elle, s'il apprenait qu'elle eût désobéi à ses ordres ?

Elle voulait mourir en paix.

A l'aspect du jeune homme qui entrait, elle demeura indécise et embarrassée ; mais la physionomie consternée du pauvre Charles lui fournit un facile prétexte pour entamer décemment l'entretien.

— Sainte Vierge ! mon petit Charles ! dit-elle, — t'est-il arrivé malheur ?

Charles, impatient de décharger son cœur, lui raconta tout d'un trait son amour pour Anne et les propositions dégradantes de Moustier.

Pendant qu'il contait la scène du cabinet, la vieille l'interrompit plusieurs fois par des exclamations de colère et de surprise.

Ce fut au point que Charles, étonné de cette chaleur d'indignation, s'interrompit lui-même en disant :

— Après tout, il a raison de souhaiter la capture de cet homme, dame Thérèse.

— Il a raison ! s'écria celle-ci avec une colère croissante ; — tu dis qu'il a raison, toi !... toi, mon petit Charles !...

— C'est un ancien noble déguisé.

— Il t'a dit cela ?

— Oui...

— Un noble... Et tu détestes les nobles, toi, pauvre enfant !... C'est lui qui t'a soufflé cela !... Il t'a dit : C'est un noble !... Oh ! je reconnais bien là Baptiste Moustier ; la vérité trompe comme le mensonge.

Après ? continua-t-elle avec agitation ; tu as refusé, n'est-ce pas ?

— J'ai refusé.

— Noble enfant !... C'est bien, cela, mon petit Charles ! le bon Dieu te récompensera... Après ?

Charles hésita quelques secondes.

— Après, dit-il enfin avec effort, dame Thérèse... Il m'a chassé !

— Chassé ! dit Thérèse à voix basse.

Et, pour la première fois depuis des années, son vieux sang retrouva le chemin de sa joue ; son œil brilla comme au temps de sa jeunesse.

— Chassé ! répéta-t-elle avec force. — Vous, mon jeune maître ! on vous a chassé de Croïat !... on vous a chassé parce que... Ah ! l'abaissement d'abord... puis la corruption jusqu'au parricide... ah !...

En parlant ainsi, la vieille s'était levée.

Charles, effrayé de ce transport, s'avança pour la soutenir, mais Thérèse étendit le bras vers lui et dit :

— Qui donc a le droit de vous chasser de Croïat, vous ?

Le jeune homme la crut folle.

— Pauvre Thérèse ! dit-il, calmez-vous.

— Me calmer ! reprit la vieille femme, me calmer, quand l'héritier de nobles seigneurs !...

Elle s'arrêta, puis continua :

— Écoutez ! — Dieu me punirait si je me taisais plus longtemps ; Baptiste est un menteur, il vous a trompé sur votre naissance. Baptiste... ah ! ne l'entends-je pas ?

La vieille joignit ses mains tout à coup, et regarda la porte avec épouvante.

Cependant Charles était devenu tout oreilles.

La vieille avait prononcé ses dernières paroles avec trop de netteté pour qu'il pût croire encore au dérangement d'esprit.

Il attendait la suite de cette révélation ébauchée.

Mais ce qui restait de volonté dans le pauvre cerveau de Thérèse était plus vacillant que la flamme d'une lampe exposée au grand air.

Le cours de ses idées avait changé déjà : l'indignation se taisait, étouffée par la frayeur.

— Moustier !... vous parlez de Moustier ? dit Charles croyant venir en aide à sa mémoire.

2

— Sainte Vierge! je suis si vieille! murmura Thérèse. —
Ai-je parlé de Baptiste?

— Vous m'avez dit qu'il m'avait trompé sur ma naissance.

— Je t'ai dit cela?... pauvre petit Charles?... je ne m'en
souviens pas.

Ah! la vieillesse! la vieillesse! vois-tu, il ne faut pas
toujours me croire...

Charles ne prit point le change.

La réserve soudaine de Thérèse donnant une grande apparence de vérité aux paroles qui lui étaient échappées, il la
pressa vivement d'achever : tout fut inutile.

— Adieu donc, Thérèse, dit enfin le jeune homme en se
dirigeant vers la porte; avant de quitter Croïat pour toujours,
j'aurais voulu...

— C'est vrai! murmura la vieille... chassé!...

— Ecoute!... ajouta-t-elle en le rappelant.

Puis elle hésita encore.

Enfin, l'attirant brusquement vers elle, — si près que sa
bouche touchait les cheveux de Charles, — elle murmura dans
son oreille :

— Va voir le Mendiant... tu sauras le nom de ton père.

— Le Mendiant!... voulut s'écrier Charles.

— Chut!... fit Thérèse en regardant tout autour d'elle; —
va, mon petit Charles, et demain, quand la pauvre vieille sera
morte, ne maudis pas ma mémoire.

Le jeune homme insista vainement pour la faire s'expliquer
davantage; il ne put rien obtenir.

Longtemps avant l'heure dite, il se promenait sur la lisière
du bois de Plougaz, attendant le Mendiant avec impatience.

Celui-ci, confiant dans la parole de Charles, ne voulut
prendre aucune précaution.

Les trois Taschet, ses fidèles et dévoués serviteurs, mis au
fait par les causeries des chouans, pressèrent en vain leur
maître de se faire accompagner.

— Je vais trouver Charles de Croïat, répondit-il à leurs
instances; — à Dieu ne plaise qu'un soupçon puisse entrer dans
mon cœur!

Il quitta seul le trou de la chapelle.

Au moment où le vent apportait jusqu'à Charles les neuf
coups de la petite horloge du château, le Mendiant sortit du
bois et s'avança vers lui.

Au même instant, les trois frères Tascher, qui n'avaient
pas pu se résoudre à perdre de vue leur maître, s'arrêtaient
sur la lisière et se cachaient dans le fourré.

— Monsieur, dit Charles avec vivacité, quel que soit l'objet
de cette entrevue, permettez-moi de vous faire une question
tout d'abord : Vous connaissez mon père?

Le Mendiant regarda Charles avec étonnement.

— Répondez, monsieur, je vous en supplie, continua ce
dernier, — le nom que je porte était-il le sien?

— Non, répliqua le chouan.

— Comment s'appelait-il?

Le Mendiant hésita.

— Au nom de Dieu! monsieur, s'écria Charles en joignant
les mains, dites-moi le nom de mon père!...

— Jeune homme, dit le Mendiant d'une voix sonore, — un
autre a commencé ma tâche, je le vois... déjà vous savez que
le mensonge existe; vous demandez la vérité, Dieu soit loué!
car nous sommes ici, vous pour l'entendre, moi pour la
dire.

Ecoutez : l'histoire est longue...

Le Mendiant fut interrompu par un bruit lointain de pas
sur la lande.

— Qu'est-ce que cela? fit Charles avec inquiétude; toutefois la physionomie du jeune homme exprimait seulement la
curiosité la plus vive.

Il continua.

Ce qu'il put dire, le lecteur le connaît déjà. Le Mendiant
parla longtemps, mais il s'abstint d'abord de prononcer le
nom du père de Charles.

Plusieurs fois, durant le cours de son récit, il s'arrêta,
croyant ouïr un bruit de bruyère froissée, comme si des
hommes s'approchaient en rampant.

Mais Charles le rassurait toujours, demandant la suite du
récit et le nom de son père.

Le Mendiant venait de lui raconter la mort d'Alice et ouvrait la bouche pour prononcer enfin le nom tant désiré,
lorsqu'un bras vigoureux le terrassa par derrière.

— Trahi!... par ui! murmura-t-il avec angoisse.

Par un effort machinal, il se releva : mais vingt hommes
armés l'entourèrent de toutes parts.

Charles avait disparu.

— Je remercie Dieu! dit le comte en lui-même : — une
seconde plus tard il aurait su le nom de son père... maintenant, jamais!

Cependant, le pauvre Charles, un bâillon à la bouche, était
retenu par des paysans à quelques pas de lui.

Le comte s'apprêtait à suivre ceux qu'il croyait les complices
de son fils, lorsque le cri de guerre des chouans retentit de
la lisière du bois.

Par un brusque mouvement, il dégagea son bras valide, et
de ses deux pistolets étendit morts les deux hommes qui le
retenaient.

Au même instant les trois frères Taschet, renversant tout
ce qui s'opposait à leur passage, arrivèrent jusqu'à lui.

Tous quatre étaient d'une force et d'une intrépidité peu ordinaires. Ils soutinrent pendant longtemps l'effort des vingt
hommes de Moustier; mais, enfin, leurs bras faiblirent.

Le comte pouvait à peine parer les coups qui lui étaient
portés.

— A l'écharpe blanche! criait sans cesse Alain Lefeuvre,
qui, comme tout bon général pendant une bataille, jugeait
prudemment des coups à l'écart.

Et ses hommes n'obéissaient que trop bien!

Une fois la première surprise passée, voyant le petit nombre
de leurs ennemis, ils s'étaient rués sur eux avec furie. Les
trois braves serviteurs ne pouvaient plus suffire à protéger leur
maître.

Alors, Julien Taschet dit un mot à l'oreille de ses frères, et
tandis que, par un dernier effort, ceux-ci repoussaient l'attaque,
il arracha l'écharpe du comte et se la passa en bandoulière.

Ensuite, prenant son fusil par le canon, il se précipita à
corps perdu au milieu des assaillants.

— A l'écharpe blanche! criait en ce moment Lefeuvre.

Julien fut sur-le-champ entouré par toute la troupe, et
tomba couvert de blessures.

Profitant de cette diversion, les deux autres Taschet entraînèrent le comte dans le bois.

Alain Lefeuvre, fier de sa victoire, fit placer le cadavre sur
un brancard et l'emporta en triomphe au château.

Moustier l'attendait au dehors, sur le perron.

Il avait compté les minutes avec impatience et commençait
à accuser son retard.

— Victoire! cria de loin Lefeuvre.

Nous l'avons, mais ce n'est pas sans peine!

— Vivant, j'espère? demanda Moustier.

— Mort! répondit l'adjoint.

Il faisait nuit noire. Moustier put laisser son visage s'épa-
nouir en toute liberté, tandis qu'il murmurait d'un ton de reproche :

— Que diable! monsieur Lefeuvre, je vous avais recom-
mandé pourtant...

— Je suis coupable, interrompit l'adjoint.

J'ai outre-passé la lettre de vos instructions, monsieur le
maire... mais, ajouta-t-il plus bas, j'en ai suivi l'esprit, monsieur Moustier.

Ce dernier lui serra la main.

Le cadavre du prétendu Mendiant fut placé dans la salle
basse de Croïat.

Quand Lefeuvre et ses hommes se furent retirés, Moustier
ferma soigneusement les portes.

— Est-il bien mort, cette fois? se dit-il en s'approchant de
sa victime.

Le visage du mort était voilé par son écharpe blanche,
qu'on avait étendue sur lui en guise de linceul.

Moustier resta longtemps immobile.

Une terreur superstitieuse retenait son bras; mais enfin,
faisant un effort, il souleva le linceul et approcha la lampe.

— Malheur! s'écria-t-il, — ce n'est pas lui!...

XII

L'INCENDIE

Quelques heures après, Moustier était seul dans son cabinet.

Il venait de terminer ses préparatifs de départ, comptant
se réfugier à Morlaix dès le lendemain.

Couché tout habillé sur son lit, pour être plus sûr de s'é-
veiller au petit jour, il essayait en vain de dormir.

Les événements de sa vie se pressaient en foule dans sa mémoire, et toujours l'image de Georges de Croïat, tantôt couvert de blessures et renversé dans le sang, tantôt debout et brandissant une arme vengeresse, lui apportait remords ou terreur, et dominait tous ses souvenirs.

Il lui avait fait tant de mal!

Sa mère, sa femme, son fils!...

Ah! ce château ne lui semblait plus un asile.

Pour qu'il se crût en sûreté, il eût fallu l'Océan entre Croïat et lui.

La porte tourna doucement sur ses gonds, et Thérèse entra sans qu'il l'entendît.

Elle était encore plus faible et plus engourdie que la veille.

Pourtant elle se traîna jusqu'à Moustier, chancelant à chaque pas, et s'appuyant à tous les meubles qui se trouvaient sur son passage.

Elle s'arrêta auprès du lit.

— Baptiste, dit-elle avec effort, — nous allons mourir!

Le maître de Croïat tressaillit à cette voix qui était encore un souvenir.

Il ouvrit la bouche pour lancer à la vieille quelque brutale malédiction, mais à la vue de son visage cadavéreux, il s'arrêta.

— Nous allons mourir, répéta Thérèse en se laissant tomber sur un siége, moi, parce que c'est la volonté de Dieu... vois! mes forces diminuent à chaque instant...

Elle disait vrai.

Chacune de ses paroles était coupée par un souffle pénible et haletant.

— Toi, continua-t-elle, parce qu'il le veut, Lui!

— Qui? demanda Moustier.

— Tu le sais bien!... pourquoi m'arracher d'inutiles paroles, à moi dont les minutes sont comptées?...

Baptiste, je t'ai aimé! je t'ai aimé jusqu'à commettre un crime pour toi... mais... j'ai tant pleuré!... Dieu me pardonnera, j'espère.

Toi, ne te repentiras-tu pas?

Moustier essaya de sourire.

— Quand je verrai la mort d'aussi près que toi, ma pauvre Thérèse, je me repentirai... peut-être.

— Repens-toi donc! car tu vas mourir!

Thérèse avait rassemblé toutes ses forces pour prononcer ces mots.

En même temps elle étendit son bras décharné vers la fenêtre.

Moustier suivit son geste, et il vit qu'une lueur rougeâtre éclairait les arbres du jardin.

— Le feu! dit-il en se précipitant vers la fenêtre pour appeler du secours.

Mais les flammes sortaient déjà par toutes les ouvertures du rez-de-chaussée.

Et, dans le jardin, de grandes ombres noires, immobiles, semblaient contempler l'incendie.

— Les chouans!... cria-t-il encore.

— Lui! dit Thérèse d'une voix creuse; Lui! ne reconnais-tu pas son œuvre et le doigt de Dieu?... repens-toi!

Moustier ne l'entendit pas.

Fou de terreur, il allait et venait au hasard.

Enfin, saisissant son fusil d'une main et son portefeuille de l'autre, il s'élança pour sortir.

Le Mendiant était debout sur le seuil.

Moustier recula jusqu'au milieu de la chambre.

Par un effort désespéré il voulut coucher en joue son ennemi; mais la main lui tremblait, il ne put saisir la détente.

Le Mendiant avait fermé la porte.

Ils étaient en présence.

Moustier, vaincu d'avance par le regard de son adversaire, laissa tomber son arme, et le Mendiant, bien qu'il ne pût se servir que du bras gauche, le terrassa comme il eût fait d'un enfant.

Les flammes montaient déjà jusqu'aux fenêtres, et, se jouant derrière les vitraux, éclairaient la scène d'une lueur sinistre, qui devenait plus éclatante de minute en minute.

Le Mendiant avait le pied sur la poitrine de Moustier.

Il gardait le silence.

Lorsque l'incendie se taisait, par intervalle, on entendait la voix mourante de la vieille Thérèse qui répétait machinalement:

— Repens-toi!... repens-toi!

— Je suis bien coupable... Georges!... Georges! je t'ai fait bien du mal, disait Moustier suppliant: — Monsieur le comte! Oh! pardonnez-moi au nom de l'amitié de notre jeunesse!

Le Mendiant souriait avec mépris.

— Oh! cette fumée... râla Moustier en se tordant; le poids de son corps... j'étouffe... Georges... pitié!

Une fumée noire, épaisse, envahissait la salle, en effet.

La vieille, suffoquée la première, rendit l'âme en criant:

— Repens-toi!

Le Mendiant semblait seul respirer à l'aise.

— Ecoute! dit Moustier, je te rendrai ton fils!... tu as un fils, Georges... au nom de ton fils, pitié!

Un tremblement de colère agita la voix du Mendiant, lorsqu'il répondit enfin:

— Mon fils! tu oses parler de mon fils! misérable!... je t'aurais pardonné tout le reste, — mais tu as fait de mon fils un traître et un menteur.

Et son talon pressa convulsivement l'estomac de Moustier, qui poussa un cri d'angoisse.

— Mon fils! dis-tu, continua le Mendiant d'une voix forte; — tu mens! je n'ai pas de fils! non; il n'y a plus de Croïat.... Périsse à la fois la noble demeure, son dernier maître et la cause infâme de tous mes malheurs!

Le Mendiant se tut.

Puis le silence régna dans la salle, jusqu'à ce que le plancher s'abîmât sous les efforts de l'incendie.

Au dehors les chouans s'agitaient et demandaient leur chef.

Les deux fidèles Taschet avaient planté des échelles contre le mur.

Au moment où ils atteignaient la fenêtre, ils purent voir le comte Georges de Croïat, debout, calme, les yeux au ciel et pressant du pied son adversaire, disparaître avec lui dans le gouffre.

De tous les habitants du château, Moustier et Thérèse périrent seuls victimes de l'incendie.

Anne, Charles et les domestiques avaient été mis en sûreté par les ordres du Mendiant lui-même.

Du château des comtes de Croïat il ne resta plus que des ruines.

La dernière trahison de Moustier, mortelle pour lui, porta en même temps le coup fatal à la maison des Croïat.

Charles ne sut jamais le vrai nom de son père.

Anne et lui devinrent époux et quittèrent la Bretagne.

Leurs goûts étaient simples, ils durent être heureux.

Lors du soulèvement de la Grèce, parmi ceux qui s'embarquèrent à Toulon pour aller combattre le despotisme ottoman, un homme du nom de Charles Bernard quitta la France avec sa femme et deux enfants de neuf à dix ans.

Etait-ce le fils de Georges de Croïat?... nous le croyons sans pouvoir l'assurer.

Pour les deux frères Taschet, leur généreux dévouement n'ayant plus d'objet, ils revinrent dans la maison de leur père.

Ce sont maintenant deux honnêtes et graves vieillards qui passent leur vie à regretter *le bon temps*.

Ils appellent ainsi les jours de misère et de fatigue qu'ils passèrent au service des Croïat.

Ils racontent volontiers la présente histoire à qui veut se donner la peine de l'entendre.

FIN DU CHATEAU DE CROÏAT.

LA JOUTE BRETONNE

PAR

PAUL FÉVAL

I

Il y a de fiers coqs à Paimpol et encore à Lanmeur; les garçons de Lesneven ont la tête dure et le bras robuste; les saulniers du bourg de Batz se battent comme il faut, et les bonnes gens d'Audierne, qui sont plus doux que des agneaux, savent défoncer la plus large poitrine d'un seul coup de leur lourde caboche.

En somme, c'est un vaillant pays que la Bretagne.

On ne s'y peut divertir sans casser quelque membre ou fêler quelque cervelle; les coups sont l'assaisonnement obligé de toute fête, et plus il y a d'assommés, plus il y a d'heureux.

— Es-tu ben aise, notre homme? demande la ménagère à son mari qui revient sur le tard d'un *pardon* des Côtes-du-Nord ou d'une *assemblée* de la haute Bretagne.

— Ben aise itout! répond le paysan.

Et il montre avec un indicible plaisir son front meurtri, sa veste en lambeaux et ses grosses mains ensanglantées.

— Ben aise itout! répète-t-il. Ça n'a pas manqué, aussi vrai que je le dis! Jean-Marie a éborgné Josille… et le cidre chauffait : fallait voir!

La ménagère se sent venir l'eau à la bouche et regrette; mais elle se console en songeant que l'an prochain, *son petit dernier* marchera tout seul, elle prendra sa part de ces enviables joies.

C'est dans le fin fond du Morbihan qu'il faut aller pour trouver de ces lutteurs épiques qui se battent deux heures durant, comme on faisait aux Jeux olympiens.

Nous savons là plus d'un gars à la rouge crinière qui ne laisserait point, à l'instar de Milon de Crotone, son poignet dans la fente d'un chêne.

Ce sont réellement des natures de fer.

Ils se montrent plus tenaces encore que hardis, et plus hardis que robustes : or, ils lancent à cinquante pas des barres massives que les forts de nos guinguettes parisiennes ne pourraient point seulement soulever.

Les gars du Morbihan ne sont pas fort beaux d'ordinaire : tête carrée sur un corps large et court, voilà le signalement de la plupart d'entre eux.

Mais quel ressort terrible dans ces membres trapus?

Quel puissance dans ces longs bras anguleux, renflés et comme entortillés dans un réseau de muscles en plein relief!

Voyez, voici deux champions qui se défient.

La foule fait cercle.

Le prix est une poule de grand âge qui a pondu l'œuf de sa vieillesse à la Saint-Michel.

La poule vaut quatre sous, ni plus ni moins : ces hommes vont faire des prodiges; ils vont mourir sur place, si la Providence n'amène M. le recteur (le curé), ou bien encore *not' maire*.

Not' maire n'a point de qualité officielle. Ce n'est pas, comme on pourrait le croire, le véritable, le maire actuel, mais bien celui qui tenait l'autorité municipale sous la Restauration.

C'est, en général, quelque vieux et respectable gentilhomme qui s'est mis à l'écart lorsqu'il a vu descendre, en juillet, le drapeau blanc du clocher de la paroisse.

Un autre l'a remplacé; celui-là est monsieur le maire, tandis que l'ancien est toujours *not' maire.*

Monsieur le maire est invariablement un demi-monsieur qui a grand'peine à obtenir de ses administrés le respect convenable; il rase et marie; il vise le passe-port du voyageur et met une pièce à ses souliers; il inscrit la naissance d'un enfant et le délivre des douleurs de la dentition, à l'aide d'un spécifique unique, suivant qu'il est barbier, cordonnier ou apothicaire.

Malgré cela, ou peut-être à cause de cela, on ne peut s'habituer à le prendre au sérieux.

Monsieur le maire est un personnage bouffon dont chacun se moque, et *not' maire*, à son corps défendant, conserve toute l'autorité morale.

Mais nos champions se sont saisis.

Leurs bras, jetés en bandoulière sur l'épaule et sous l'aisselle, étreignent, tâtent essayent.

Les deux poitrines se pressent, les quatre genoux s'emboitent.

Courage, mes garçons!

La poule vaut quatre sous, la gloire est sans prix, et trois paroisses vous contemplent!

Saint Jésus! quel croc-en-jambes! Pelo a enfoncé sa tête chevelue dans la poitrine d'Yvon, laquelle a résonné comme un tambour.

Yvon a fiché sa dure rotule au-dessus du genou de Pelo : un double effort a fait voler en lambeaux la grosse toile des chemises, ni plus ni moins que si c'eût été un diaphane chiffon de batiste.

Attention, Pelo!

Courage, Yvon! à qui la poule?

Qu'est-ce?

Yvon a rejeté en arrière son torse herculéen et amené sur soi son adversaire.

Les pieds de Pelo quittent le sol; ses bras mollissent; ses reins perdent leur hardie cambrure.

Le souffle lui manque.

Ferme, Yvon!… le maladroit! il a trop compté sur ses jarrets; ses jarrets l'ont trahi.

Voici Pelo qui reprend avantage et pèse de tout son poids sur Yvon à demi renversé.

Courage, mes garçons!

Il faut vous dire que Saint-Mathieu-des-Garennes, en l'évêché de Vannes, est renommé pour ses lutteurs, comme Rennes pour son beurre, Cancale pour ses huîtres et Saint-Malo pour ses corsaires.

Or, Yvon et Pelo (Pierre) sont les deux coqs de Saint-Mathieu-des-Garennes, depuis que Bras-de-Cuir ne se bat plus.

Yvon a gagné des chollets à Redon et un mouton maigre à Rieux ; Pelo a mis sur le flanc quatre paroisses en lançant la barre un jour de Fête-Dieu.

Ils sont de force égale : Pelo a battu Yvon à la Pentecôte, mais Yvon l'avait vaincu à la Chandeleur.

Quant à Bras-de-Cuir, mignon Jésus ! en voilà un lutteur !

Vous iriez, je ne vous mens point, depuis le port Saint-Nicolas-sur-Vilaine jusqu'à la ville de Josselin sans trouver son pareil ; vous iriez jusqu'à Ploërmel et plus loin encore, car son pareil n'existe point.

Et, tenez, regardez-le.

Il est là dans la foule, suivant d'un œil distrait le combat.

C'est ce grand jeune homme à la taille élancée, au jarret académique, à la blonde chevelure qui tombe en gracieux anneaux sur ses épaules effacées.

Il est pâle ; un cercle bleu entoure son œil ; ses traits délicats et purs n'ont d'autre expression qu'une inaltérable douceur.

Ne vous y fiez point.

La colère met du feu dans cette prunelle d'azur ; ses sourcils de vierge font peur quand ils se froncent ; Bras-de-Cuir a nom René Kaër.

Il n'a pas encore vingt et un ans.

C'est cette année qu'il subira la conscription.

Son père est un chouan de 1815 ; son grand'père était un chouan de 1793.

Il y a dans sa maison, au-dessus du haut manteau de la cheminée, un fusil à lourde batterie, qui a jeté bas bien des soldats de la République.

Maintenant, ce fusil se rouille, inutile, mais les gendarmes de Redon font des vœux sincères pour que René Kaër amène un bon numéro au tirage.

Pourquoi ? nous ne saurions trop le dire.

René est brave autant que fort ; la vie de soldat ne lui fait certes point frayeur ; — peut-être est-ce qu'il n'aime pas certaine cocarde : des goûts et des couleurs, il ne faut point, vous savez, disputer.

Mais les gendarmes de Redon ont tort de craindre.

René ne deviendra point réfractaire.

Il a grande confiance en not' maire, et not' maire lui fera comprendre qu'une cocarde imposée ne signifie rien.

Quoi qu'il en soit, voilà pourquoi René ne se bat plus.

Il y a deux ans, René Kaër était le fiancé de Marie, une jolie fille, rieuse, franche, et portant sur son cou flexible, un peu bruni par le soleil, le plus gracieux visage de paysanne qu'on puisse voir.

René l'aimait ; elle aimait René ; leur avenir était rose comme l'horizon des grandes bruyères par un beau soir de printemps.

Le vieux Kaër avait dit :

— Viennent les fleurs du blé noir et nous vous marierons, enfants.

Aussi étaient-ils bien heureux.

Le soir, à la veillée, ils se plaçaient l'un près de l'autre ; le jour, ils se retrouvaient aux champs, et Marie avait toujours un doux sourire pour accueillir, de loin ou de près, son fiancé.

Mais René était si beau !

Les compagnes de Marie furent jalouses.

Suivant la tactique éternelle des jaloux, elles s'ingénièrent à déprécier le bonheur de leur rivale.

Le vieux Kaër était riche ; il avait trente écus de rente au soleil : rien à dire de ce côté.

Elles cherchèrent ailleurs.

René n'avait point son pareil dans le bourg ; il savait lire et passait pour être le favori de monsieur le recteur : rien encore.

Elles cherchèrent.

En cherchant toujours, on trouve.

René, tout entier à son amour, ne se mêlait guère aux jeux des jeunes gens de son âge.

Il n'était jamais descendu sur l'aire pour disputer le prix de la lutte.

En un mot, il n'avait pas fait ses preuves.

En fallait-il davantage ?

Nos jalouses chuchotèrent en souriant ironiquement.

A la veillée suivante, un mot passa de bouche en bouche.

Les filles jetèrent sur Marie un regard de dédain ; les gars haussèrent les épaules.

Ce mot, René n'y avait point pris garde, mais Marie l'avait entendu, et son frais visage était devenu pâle tout à coup.

A dater de ce jour, elle perdit sa gaieté.

La vanité, dans le cœur des jeunes filles, est souvent plus forte que l'amour.

Quelques semaines après, on fêtait la Pâques au bourg de Saint-Mathieu-des-Garennes.

Monsieur le maire, afin de conquérir la popularité qui lui faisait défaut, avait donné un mouton pour prix de la lutte.

Ce mouton était gras, par extraordinaire, et splendidement enrubanné.

Aussi, était-on accouru de tous les environs.

L'église fut trop petite, et aussi le cimetière, pour contenir l'affluence des fidèles.

Après la messe, on se rendit sur l'aire où le mouton municipal était attaché, la pauvre bête, à un poteau tout pavoisé de guirlandes.

René se mit dans la foule des spectateurs avec Marie, qui était triste et ne voulait point dire la cause de sa tristesse.

Bientôt parurent les champions.

C'étaient Yvon, Pelo, et beaucoup d'autres encore dont les noms ne nous importent point.

Yvon et Pelo prirent posture en face l'une l'autre.

Mais, au moment où ils allaient se crocher (ce terme tout local est expressif, sinon français), il se fit parmi l'assistance un mouvement soudain, et cent voix prononcèrent ce mot :

— Le Houlan (1) !

En même temps, la foule s'ouvrit.

Un homme de stature gigantesque, à la physionomie épaisse et brutale, entra dans l'arène.

Il mit bas sa veste, retroussa les manches de sa chemise et s'avança vers le mouton, qu'il tâta en connaisseur.

— Ça fera un fameux gigot, dit-il.

Puis il ajouta, en s'adressant aux deux champions.

— Ne vous fatiguez pas, mes fillots ! C'est moi qui commence et qui finis. Ça sera plus tôt fait.

L'entrée de cet homme avait glacé la joie universelle.

L'anxiété se peignait sur tous les visages.

Le Houlan, qui n'était point connu sous un autre nom dans le pays, était, à juste titre, un sujet d'effroi pour tous.

Déserteur des travaux du canal qui dessèche les marais de l'ouest, il menait la vie de bandit, et tous les efforts de la gendarmerie, qui lui donnait incessamment la chasse, avaient été jusqu'alors impuissants.

Il semblait défier les recherches les plus actives, et, lors même qu'on eût pu le joindre, sa force extraordinaire rendait le résultat d'une lutte fort douteux.

Par bravade ou par suite de son irrésistible goût pour tous les exercices violents, le Houlan s'était montré plus d'une fois au milieu des fêtes de village, disputant les prix et battant ses concurrents comme s'il n'eût point été sous le coup de la loi.

— Après la bataille, il chargeait le prix sur ses robustes épaules et disparaissait.

Où allait-il ? nul ne le savait.

Yvon et Pelo avaient baissé la tête.

Ils avaient déjà éprouvé la terrible supériorité du Houlan.

Néanmoins ils ne reculèrent pas, et Pelo prit posture de l'air d'une victime résignée à son sort.

Avant de crocher, le Houlan parcourut des yeux la foule.

Son regard s'arrêta sur Marie, à laquelle il fit un signe de tête familier.

Marie tressaillit douloureusement.

Ensuite, le Houlan étreignit Pelo et le jeta, demi-mort sur le sable.

Yvon s'avança.

Le Houlan fit encore un signe à Marie, qui se prit à pleurer.

René la regarda, étonné.

— J'ai peur, dit la jeune fille.

René comprit à moitié.

Il tourna son regard calme vers le géant et répondit :

— Ne suis-je pas près de toi, Marie ?

— Hélas ! murmura la jeune fille, saurais-tu me défendre ?

La face de René devint livide, et son œil s'injecta de sang.

Il secoua brusquement sa longue chevelure et se redressa de toute sa hauteur.

— Me crois-tu donc un lâche ! dit-il avec effort.

Marie ne répondit point.

(1) On nomme ainsi, dans cette partie de la Bretagne, les ouvriers des canaux, mines et fortifications.

A ce moment, le Houlan prit Yvon à bras-le-corps, le serra durant une seconde, puis lâcha prise.

Yvon tomba lourdement à la renverse.

— Il l'a tué! s'écrièrent quelques voix dans la foule.

— A un autre! dit le Houlan qui, de sa grosse main velue, envoya un baiser à Marie.

On savait que le bandit avait enlevé déjà plusieurs jeunes filles dans les bourgs environnants.

Marie eut si grande frayeur qu'elle s'évanouit dans les bras de René.

— A un autre! répéta Houlan.

Personne ne se présenta.

Chacun craignait le sort d'Yvon et de Pelo, qui gisaient encore sur le sable.

Alors le Houlan détacha les rubans qui retenaient le mouton au poteau et le chargea sur ses épaules.

— Laisse là le prix, mon homme, dit dans la foule une voix forte et sonore; tu ne l'as pas encore gagné.

Qui chante là? demanda le Houlan en éclatant de rire.

René déposa Marie évanouie dans les bras du vieux Kaër et s'avança vivement vers l'arène.

C'était lui qui avait parlé.

D'un bond il franchit la corde.

Un murmure d'étonnement courut de bouche en bouche.

— Pauvre René! dirent les jeunes filles.

— Il est *toqué!* (fou) dirent les garçons.

Quant au Houlan, il déposa froidement le mouton et retroussa de nouveau les manches de sa chemise.

— Arrive, failli gars! cria-t-il.

René dépouilla lestement sa veste des dimanches, et se posa en face du géant, droit, ferme, et le corps légèrement incliné en arrière.

Un artiste eût voulu le dessiner ainsi, et son dessin aurait pu passer pour une académie antique.

Les deux adversaires formaient plein contraste.

C'était d'un côté, la force brutale; de l'autre, la souplesse vigoureuse, la grâce robuste, la vaillante beauté.

Il sembla en ce moment que les bonnes gens de Saint-Mathieu-des-Garennes vissent René pour la première fois.

Toutes les têtes se penchèrent avidement.

Marie elle-même, qui venait de reprendre ses sens, retint un cri de terreur, saisie qu'elle fut par une sorte d'admiration.

— Sainte Vierge! soutenez-le! murmura-t-elle.

— Courage, mon garçon! cria le vieux Kaër.

Et l'assemblée entière répéta :

— Courage, mon gars René!

La lutte commença.

Le Houlan voulut d'abord la terminer d'un seul coup, suivant son habitude, mais il dut reconnaître qu'il avait affaire à forte partie.

A son étreinte, René répondit par une étreinte pareille et si rude que le géant, hors d'haleine, sentit fléchir ses reins.

Il se rejeta en arrière et tâcha de soulever René; René se laissa soulever, mais quand le Houlan, achevant sa manœuvre, essaya de le terrasser, le jeune homme rebondit sur le sol et fit un brusque effort.

Ce fut le Houlan qui tomba.

Une immense acclamation accueillit ce résultat inattendu.

Le vieux Kaër pleurait de joie, et Marie, à genoux, disait :

— Merci, Sainte Vierge! mon René est brave et fort.

Car ce mot que prononçaient tout bas les jeunes filles à la veillée, c'était le mot lâche, et c'était pour cela que les gars haussaient naguère les épaules en regardant René.

Le Houlan se releva lentement.

Il était pâle.

Une haine sanglante éclatait dans ses yeux.

— Tu as gagné! dit-il en grinçant des dents, le prix est à toi.

— Ce n'est pas pour un prix que je me bats, moi, répondit René; prends le mouton; — mais, saint Jésus! ne regarde plus Marie, qui est ma fiancée.

Le Houlan prit le mouton.

— Ah! dit-il d'une voix étrange, Marie est ta fiancée? Eh bien, mon gars, je te dis merci pour le gigot, et tu entendras parler de moi!

Le Houlan se retira sans regarder Marie; mais, quelque temps après, la jeune fille fut enlevée dans sa cabane.

Elle resta huit jours absente, puis on la revit au village, triste, changée, mourante.

Quand vinrent les fleurs du blé noir, le vieux Kaër ne maria point les deux enfants.

Marie était morte.

Le Houlan avait tenu sa promesse.

Voilà pourquoi René est bien triste, et pourquoi il ne se bat plus.

Il a fait serment de venger Marie, et bien que monsieur le recteur lui prêche, comme c'est son devoir, le pardon des injures, René tentera de se venger.

Ce sera l'objet d'un autre récit, et ce récit expliquera le surnom de *Bras-de-Cuir*, sous lequel René est connu à dix lieues à la ronde.

Quant à Yvon et à Pelo, ils se sont remis de leur mésaventure, puisque nous les retrouvons aux prises sur l'aire de Saint-Mathieu-des-Garennes.

Pendant que nous avons conté l'histoire de René, la lutte s'est poursuivie, silencieuse, acharnée.

Les deux pauvres gars, haletants, privés de souffle, s'étreignent encore avec une persistance héroïque.

A qui la poule en définitive?

La cloche sonne vêpres.

C'est la paix de Dieu.

La vieillesse de la poule sera respectée jusqu'à la fête prochaine.

Yvon et Pelo en seront pour leurs peines et leurs chemises déchirées; mais les ménagères sont là pour faire des reprises, et la gloire est sans prix : Yvon et Pelo ont ajouté un fleuron à leur couronne; on parlera d'eux aux veillées, et leur renom, qui s'étend sur une superficie de trois lieues carrées, empêchera leurs rivaux de dormir.

II

BRAS-DE-CUIR ET LE HOULAN.

Nous avons dit que nous raconterions un drame morbihannais dont les personnages ont été déjà présentés au lecteur.

Nous revenons, en effet, à Saint-Mathieu-des-Garennes, en l'évêché de Vannes, et nous retrouvons René Kaër, surnommé Bras-de-Cuir, ainsi que son adversaire, le sauvage *Outlaw,* connu sous le nom du Houlan.

René, comme nous l'avons dit, avait juré de venger Marie, sa fiancée.

Les Bretons sont de braves cœurs, mais ils tiennent d'ordinaire, plus religieusement qu'il n'est besoin, les serments de ce genre.

Le Houlan savait cela, et il se gardait de René aussi soigneusement que des gendarmes.

Ce n'était plus que par les nuits bien sombres, et à de longs intervalles, qu'il se hasardait à sortir de sa retraite.

Les villages environnants étaient presque tranquilles.

C'est à peine si le Houlan trouvait moyen encore de faire un méchant coup par semaine, lui qui, autrefois, besognait tous les jours.

Chaque matin, René décrochait le vieux fusil suspendu au-dessus de la cheminée, et se mettait en campagne.

Il s'enfonçait dans les hauts ajoncs des landes, battait taillis et futaies, comme s'il eût chassé une bête fauve; mais il ne trouvait nulle part ce qu'il cherchait.

Le soir, il rentrait la tête basse, l'œil sombre, et s'asseyait en silence à la table du vieux Kaër.

— Eh bien! enfant, demandait ce dernier, as-tu trouvé la piste?

— Rien!

Ce mot s'échappait péniblement à travers les dents serrées de René.

Dès qu'il l'avait prononcé, il gardait un obstiné silence, mangeait quelques bouchées et se retirait.

Son père avait beau lui verser le cidre le plus mousseux de son cellier, et porter une noble santé que le vieux chouan n'oubliait jamais, René semblait mort à tout; il vivait en une seule pensée.

Au loyal toast du vieillard, il soulevait son chapeau et approchait son écuelle pour trinquer, mais sa lèvre ne faisait que toucher le breuvage.

Pardon, père, disait-il alors; j'attriste les jours de votre vieillesse.

Je voudrais sourire quand vous souriez; je voudrais être heureux pour vous donner de la joie; mais il a tué Marie, père, et Marie n'est pas encore vengée!...

— C'est pourtant vrai! grommelait le vieillard.

Le mauvais gars a tué la pauvre fille, et il court encore...

Cela était dit en manière de consolation et produisait, comme on peut le penser, un effet tout contraire.

René s'enfuyait en gémissant.

Quand il était parti, Kaër buvait les deux écuelles afin de ne rien perdre.

— C'est pourtant vrai! répétait-il.

Le malin drôle court encore...

Ah! si j'avais seulement mes jambes de quinze ans !

Un soir, comme René était plus triste encore que de coutume, Kaër lui dit :

— Écoute, garçon, tu fais un sot métier.

Ce n'est pas le jour qu'on peut chasser sans limier.

Je vois qu'il faut que je m'en mêle.

Remets tes guêtres et partons!

René voulut demander des explications, mais le vieillard prit son bâton de houx et passa le seuil.

Il faisait nuit encore.

René suivit son père plutôt pour veiller sur lui que dans l'espoir de découvrir enfin son ennemi.

Le vieux Kaër enjambait les grosses pierres du chemin d'un pas lourd, mais ferme encore.

— Nous ne le trouverons peut-être pas comme cela, dès la première fois, disait-il ; mais j'en sais long sur les cachettes du pays.

Puisque je m'en mêle, gare à lui !...

Garçon, as-tu visité la butte de Vesme?

— Non, père.

— C'est par là qu'il faut commencer.

Du temps que nous nous battions pour le roi, — Kaër se découvrit, — je me suis caché au moulin de Vesme, et les bleus n'y ont vu que du feu.

— Allons au moulin de Vesme, dit René.

Il prit les devants et arma son fusil.

Une fois le but de l'excursion arrêté, le père et le fils commencèrent à marcher en silence et sans bruit.

Malgré l'obscurité profonde, René choisissait d'instinct, au milieu de l'inextricable écheveau de sentiers qui marbrent la lande, le sentier le plus court et le plus sûr.

La route avait beau se bifurquer à chaque pas, se diviser à l'infini, tourner capricieusement et revenir sur elle-même, comme font tous les sentiers perdus des bruyères de Bretagne, René allait toujours, sans dévier, sans hésiter, se retournant seulement de temps à autre pour jeter sur son père un regard de sollicitude.

— Avance! avance! disait le vieillard; m'est avis que je flaire la piste.

Saint Jésus! le brigand va voir beau jeu.

Il y a deux grandes lieues de Saint-Mathieu-des-Garennes à la butte de Vesme, où est situé le moulin de ce nom.

Nos deux paysans traversèrent maints taillis et maintes plaines hérissés d'ajoncs épineux ; ils sautèrent plus d'un fossé, franchirent plus d'un talus, et arrivèrent enfin.

La butte de Vesme est une éminence de forme conique dont la base s'entoure d'une ceinture de gigantesques châtaigniers.

Un taillis occupe la zone supérieure, et, au sommet, se trouvent les ruines d'un moulin à vent hors d'usage, mais dont la tour est restée debout.

Tout autour de la butte, la lande jaune, aride et comme torréfiée par les rayons d'un lourd soleil, s'étend à perte de vue.

C'est un paysage singulièrement triste et désolé.

En ce lieu, la solitude pèse, le cœur du passant s'affaisse sous de mornes pensées.

Le voyageur, dont les pieds brûlent, jette son regard distrait sur la tour grise, étanche la sueur de son front sous l'ombre des arbres, et poursuit son chemin.

Rien n'est mélancolique comme une oasis de Bretagne, parce que, en deçà et au delà, de quelque côté qu'on se tourne, il y a la fatigue, l'ennui, l'ardent soleil et la perfide réverbération des landes.

Il était minuit environ; c'est pourquoi nos aventuriers ne souffraient point du soleil.

Lorsqu'ils atteignirent le bas de la butte, la lune s'était levée et courait derrière de petits nuages noirs qu'elle bordait d'une frange blanche et diaphane.

Tantôt elle se montrait tout à coup, inondant le paysage de lumière, tantôt, éclipsée par un flocon de vapeurs, elle rappelait à soi ses pâles rayons et rendait les alentours aux ténèbres victorieuses.

Le vieux Kaër et son fils s'enfoncèrent sous la futaie.

— Méfie-toi, garçon, dit le premier, qui ralentit le pas et redoubla de précautions.

René l'imita.

En touchant la lisière du taillis, le vieux Kaër s'arrêta.

Il attendit patiemment que vînt une de ces fréquentes et courtes éclipses dont nous venons de parler, et prenant son temps, il se jeta sur ses mains et avança de nouveau.

René l'imita encore.

Une trentaine de pas les séparait de la tour.

Ils marchaient, ou plutôt rampaient sans aucun bruit.

Le vieux Kaër baissait la tête à chaque pas, comme s'il eût consulté le sol.

— Il est là! murmura-t-il tout à coup en se couchant à plat ventre.

René tressaillit de haine et fit un mouvement pour bondir en avant, mais son père lui retint fortement le bras.

— Il est là, répéta-t-il; méfie-toi, garçon.

S'il nous voit le premier, tu ne vengeras pas Marie.

Comme pour prouver son affirmation, le vieillard attira son fils et courba sa tête jusque sur le gazon où gisaient des débris de pain noir et quelques os à demi rongés.

Ce sera son dernier repas! murmura René d'une voix sombre.

Puis il ajouta :

— Père, restez ici.

Je dois entrer seul dans la tour... un contre un.

— C'est juste, garçon, dit tristement Kaër ; j'aurais pourtant voulu te donner un coup de main, mais ça ne se peut pas.

Va, et que Dieu t'aide !

René commença à ramper en se dirigeant vers le moulin, dont la porte était ouverte.

Il allait s'introduire dans les caves, lorsqu'il crut entendre un cri étouffé à l'endroit où il avait laissé son père.

Ce cri fut immédiatement suivi d'un gros éclat de rire.

René s'élança au dehors.

— Halte-là ! mon mignon, dit la rude voix du Houlan.

Si tu fais un pas de plus, je casse la tête de ton père.

La lune, qui passait entre deux nuages, éclairait la scène.

René vit le Houlan qui, un genou sur la poitrine de Kaër, lui appuyait un pistolet sur la tempe.

— Pitié ! pitié ! cria-t-il.

— Pitié ! pitié ! répéta le bandit en le contrefaisant, ça mérite réflexion, mon bellot... ne bouge pas!

Que venais-tu faire ici?

René ne répondit point.

— Tu venais me payer ta dette, comme un bon garçon, n'est-ce pas?

Eh bien ! je te tiens quitte, et nous allons faire un marché...

Ne bouge pas !

Involontairement René s'était approché, mais il s'arrêta en voyant le bandit abaisser de nouveau son arme.

— Ne fais pas attention à moi, garçon, dit le vieillard suffoqué par le genou du Houlan.

— Que veux-tu de moi, demanda René à ce dernier.

— Je veux faire un marché...

Promets-moi de me laisser tranquille, et je lâcherai le bonhomme.

— J'ai juré! murmura René qui courba la tête.

— Et Marie est morte ! cria Kaër.

Garçon ne promets pas !

— A la bonne heure ! dit le bandit en ricanant.

Alors, dites un bout de patenôtres, mon brave homme...

Toi, ne bouge pas, ou je fais l'affaire.

— Demande-moi autre chose ! cria René dont la tête se perdait; demande-moi tout ce que tu voudras.

Le Houlan se gratta le front.

— Ça pourrait peut-être s'arranger tout de même, reprit-il.

Tu as juré, c'est bien ; moi aussi : j'ai juré de garder ma peau le plus longtemps possible... si tu tiens à me pourchasser, promets-moi au moins de n'employer contre moi ni le fer ni le feu.

— Je le promets! s'écria René à la hâte.

— Jure-le!

— Je le jure.

— Alors, mon bellot, je te souhaite bonne chance...

Quant à Marie, qui était une jolie fille, ma foi ! je ne vois pas trop quand tu pourras la venger.

Ça te regarde.

Merci de votre visite, mes braves!

A ces mots, le Houlan lâcha Kaër et se jeta sous le taillis.

René ne songea pas à le poursuivre.

— Bon Jésus! grommela dolemment Kaër en se relevant.

Comment faire, à présent?...

Ni fer, ni feu!...

Comment faire?

— Je ne sais pas, répondit René, mais je le tuerai.

Ils revinrent à Saint-Mathieu-des-Garennes.

Ce fut à dater de ce jour que René revêtit, pour ne plus la quitter, l'arme défensive des jouteurs au fouet, ce qui le fit surnommer Bras-de-Cuir.

Il ne sortit jamais sans avoir roulé autour du corps un bon fouet de la Saint-Jean, qu'il avait tressé lui-même.

Ni fer, ni feu!... il lui restait la corde.

Plusieurs mois se passèrent.

René retourna bien souvent à la butte de Verme ; il y retourna de jour et de nuit, mais le Houlan avait sans doute élu domicile ailleurs.

René ne le trouva jamais.

Et pourtant il ne perdait point courage et cherchait toujours.

Le vieux Kaër, malgré son obstination bretonne, se lassait de cette persistance.

— Garçon, disait-il, tu as fait ce que tu as pu.

La pauvre fille, qui est maintenant une sainte dans le ciel, a pardonné...

Tâche d'oublier, garçon.

René, qui obéissait toujours à son père, tâcha d'oublier ; mais il ne le put.

Quelquefois, les soirs des dimanches, quand la foule avait déserté la place de l'église, il franchissait les murs du cimetière et s'agenouillait sur le gazon auprès d'une petite croix de bois qui portait le nom de Marie.

Les heures s'écoulaient : René restait à genoux ; il fallait la voix du vieillard pour l'arracher à ses larmes et ses souvenirs.

Or, malheur à l'homme qui met des larmes dans les yeux d'un Breton !

C'était par une chaude matinée d'automne, vers deux heures après midi, René, le fouet autour des reins, et la fausse manche de cuir au bras, errait, suivant son habitude.

Sans le savoir, il atteignit la grand'route de Redon, au-dessus du bourg des Bains, à cet endroit où la poussière bleuâtre annonce le voisinage des grandes carrières d'ardoise de Saint-Perreu.

Comme il poursuivait sa route au hasard, il entendit des pas de chevaux et se retourna.

C'étaient deux gendarmes.

A vingt pas de René ils s'arrêtèrent et l'un d'eux, montant un sentier qui tournait autour d'une carrière abandonnée, prononça ces paroles :

— C'est là-bas qu'il se cache.

René tressaillit.

Son idée fixe s'éveilla violemment.

Lorsque les gendarmes s'engagèrent dans le sentier, il les suivit d'instinct.

Après bien des détours, les gendarmes arrivèrent au pied d'un piton calcaire, au sommet duquel dormait un chien qui se leva sur ses quatre pattes et remplit l'air de ses aboiements.

Un coup de carabine fit dégringoler le chien au fond de la carrière.

Les gendarmes alors descendirent de cheval.

Mais à peine commençaient-ils de monter qu'un homme de forte taille se montra sur l'extrême pointe du roc ; les profils de son herculéenne stature se détachaient en noir sur l'azur laiteux du ciel.

Le haineux instinct de René ne l'avait point trompé :

Cet homme était le Houlan.

Les gendarmes et le Houlan mirent en joue presque au même instant, mais les gendarmes tremblaient, parce que la terrible renommée du bandit leur faisait peur.

Ils tirèrent en même temps : ce fut du bruit et de la fumée, voilà tout.

Lorsqu'à son tour le Houlan eut déchargé son fusil double, le chapeau de l'un des adversaires roula au fond de l'abîme ; l'autre lâcha sa carabine et poussa un cri de douleur.

Il avait le bras fracassé.

René regardait le combat et attendait.

Il ne vint point en aide aux gendarmes, parce que le paysan breton, à raison ou à tort, voit dans le gendarme son ennemi naturel.

Mais René avait un autre motif encore.

Le Houlan était à lui, tout à lui ; il était jaloux de garder le Houlan à sa vengeance.

Lorsque les gendarmes remontèrent à cheval pour s'enfuir au galop, ce qui ne tarda guère, René détacha son fouet et se prit à monter la rampe.

— Encore toi! s'écria le Houlan, qui riait de bon cœur en rechargeant son fusil ; tu me forceras à t'envoyer rejoindre Marie... une jolie fille, ma foi !...

— Allons ! décampe !

Les muscles du visage de René se contractèrent, mais il continua de monter.

— Décampe ! répéta le bandit ; je ne suis pas patient, tu sais...

— Une ! deux...

Il mit René en joue.

— Trois ! cria-t-il ensuite.

Le coup partit.

René chancela, mais il continua de monter.

Le bandit grinça des dents et blasphéma.

Puis, il ajusta de nouveau, longuement et avec soin.

Lorsque le coup retentit, René chancela encore, mais il n'était plus qu'à quelques pas du Houlan ; il continua de monter.

Le Houlan jeta son fusil avec rage et saisit son couteau.

— Donne ton âme à Dieu ! dit René d'une voix lente et grave.

Son fouet se déroula et coupa l'air en sifflant.

Habilement dirigée, la corde tourna autour du cou du Houlan, qui perdit le souffle et devint pourpre.

La plate-forme où se trouvaient les deux adversaires était étroite et dominait un précipice sans fond.

Le Houlan, qui se sentait perdu, se mit à genoux.

— Donne ton âme à Dieu ! dit encore René.

. . . .

Le soir, quand René revint à la ferme, il était pâle et semblait avoir peine à se soutenir.

En entrant, il se laissa tomber sur une escabelle.

— Qu'as-tu, garçon? s'écria Kaër inquiet.

René fit effort pour parler ; il ne put que montrer son épaule et son bras.

Le vieux Kaër comprit.

Il arracha la veste de son fils et découvrit deux blessures, l'une au bras l'autre à l'épaule.

Les deux coups du Houlan avaient porté.

— Cela devait arriver quelque jour ! grommela le vieillard en lavant les plaies ; je m'y attendais...

Heureusement, il en sera quitte pour garder le lit une quinzaine...

Ah çà ! garçon, ajouta-t-il tout haut : c'est *lui* qui t'a arrangé comme cela?

René fit un signe affirmatif.

— Et que lui as-tu fait, toi?

Un éclair de sauvage orgueil brilla sous la paupière de René, qui retrouva la parole pour dire :

— J'avais juré, père, et Marie est vengée !

III

LE BATON.

Ce ne fut point l'amour qui perdit Lion Brec, du bourg de Jévezé.

Cet infortuné dut tous ses malheurs à son faible pour le bâton et à sa tendresse immodérée pour le cidre doux.

Lion Brec n'était pas beau.

De graves historiens prétendent même qu'il était fort laid, mais il *moulinait* admirablement et broyait un caillou d'un seul coup de son bâton, ni plus ni moins que s'il se fût agi d'un morceau de sucre.

Dans ce dernier cas, néanmoins, nous sommes fondé à croire que Lion Brec eût broyé le morceau de sucre avec ses grandes dents blanches et non point avec son bâton, car le bon gars était plus gourmand qu'un canard.

Il était haut monté sur jambes, muni de longs bras et coiffé d'une perruque rousse qu'un marchand de vulnéraire eût bien payée deux écus.

Cette perruque, laineuse et touffue, valait presque un armet de fin acier.

Lion Brec en était fier outre mesure, et il est douteux que

Dalila, si rusée que la peigne l'histoire, y eût mis impunément ses perfides ciseaux.

Lion, en effet, ne se piquait point de galanterie.

Le matin, il se levait et buvait deux pots de cidre, qu'il allait cuver dans quelque fossé de bas chemin : c'était son déjeuner.

A midi, il buvait trois pots de cidre et cherchait querelle à ses connaissances : c'était son dîner.

Le soir, il buvait quatre pots de cidre et se battait, soit avec des hommes, soit avec des troncs d'arbres, quand les adversaires lui manquaient.

Pourvu qu'il frappât bel et bien, peu lui importait de frapper sur du bois.

Incontestablement, cette indifférence est la preuve d'un bon naturel.

Ces quatre derniers pots formaient son souper.

Quand il avait bien bu et qu'il s'était bien battu, Lion Brec reprenait tranquillement le chemin de son domicile.

Sur sa route, il se cassait ordinairement le cou, mais sa tête et les cailloux se connaissaient de longue main.

Il y avait d'ailleurs la fameuse perruque rousse, qui eût amorti le choc d'un bélier antique.

Le lendemain, Lion Brec recommençait.

Impossible de le nier : c'était un bon vivant, sans souci, ne faisant de mal à personne, si ce n'est aux gens qu'il rencontrait sur sa route le matin, à midi, ou bien encore le soir ; à part cela, incapable de pincer la patte d'une mouche.

Il est certain que chacun a ses habitudes et que, quand on porte un bâton, c'est pour s'en servir.

Tout le monde, au reste, était libre de ne point prendre le même chemin que Lion Brec.

Aussi jouissait-il, au bourg de Jévezé, de l'estime universelle, et les trente-deux cabaretiers qui désaltèrent les quatre cents âmes formant la population dudit bourg, gardent à sa mémoire une mélancolique estime.

Car Lion Brec est mort.

Il a vécu, ou plutôt il a bu.

C'est maintenant un personnage historique.

On peut parler de lui sans passion et sans crainte.

Son terrible bâton ne brise plus ni cailloux ni crânes.

Peut-être, profanation inconcevable ! ce vaillant morceau de bois a-t-il servi à allumer le feu de quelque bonne femme ; peut-être emmanche-t-il un balai ; peut-être, devenu monture diabolique, porte-t-il les nuits de novembre une laide sorcière au sabbat de la lande d'Évran.

Dans sa vieillesse, un bâton peut subir ces diverses ignominies. On en a vus ravalés par le sort jusqu'à l'infime position d'échalas.

Nous parlions tout à l'heure de Dalila : ce fut pour avoir, comme Samson, perdu une partie de sa perruque rousse, que Lion Brec passa de vie à trépas, dans la trentième année de son âge, un vendredi, jour de malheur, à la foire de Bécherel.

La veille, Lion Brec avait regagné ses pénates sur le tard.

Pendant une bonne lieue de pays, il n'avait pas rencontré une seule créature vivante : son bâton lui démangeait les doigts.

Pour se remettre, il entra au cabaret et but deux pots de supplément.

Lorsqu'il sortit du cabaret, la nature entière se prit à danser et à tourner autour de lui d'une façon tout à fait inaccoutumée.

Lion Brec pensa que la nature se moquait de lui, et se fâcha très-fort.

Il ordonna à la lune de rester tranquille, et menaça formellement les arbres de leur faire un mauvais parti s'ils ne voulaient point mettre un terme à cette ronde inconvenante et en dehors de toutes les habitudes pratiquées par leurs troncs paisibles depuis que Lion Brec existait.

La lune n'en valsa que plus fort, et les arbres lui tinrent compagnie.

Alors Lion Brec, qui ne pouvait atteindre la lune, se rua, le bâton à la main, sur le tronc le plus proche, et frappa jusqu'à perdre haleine.

Le tronc ne broncha pas.

— Faut croire qu'il est dur au mal, se dit Lion Brec.

Il jeta son bâton, ôta son chapeau, et fit la tête de bélier.

— Vrai, comme Dieu est Dieu, cria-t-il en forme de sommation ; si tu danses encore, je t'écrase !

Et comme l'arbre entêté valsait toujours, Lion Brec prit son élan et lança de son mieux sa grosse tête chevelue au milieu du tronc.

Le coup eût assommé un bœuf.

Néanmoins, l'arbre ne parut point y prendre garde, et ce fut le malheureux Lion Brec qui tomba baigné dans son sang ; certes, s'il n'eût point perdu sur-le-champ connaissance, ce résultat l'aurait étonné grandement.

Le lendemain matin, un frater trouva Lion Brec et son bâton, gisant côte à côte, au pied de l'arbre vainqueur.

Le frater tâta le crâne du gars, et, pour bassiner la plaie, il coupa la moitié de la fameuse perruque rousse.

Quelques heures après, Lion Brec était sur pied, s'acheminant vers la foire de Bécherel, en compagnie de son bâton.

Sur la route, il fut remarquablement sombre, et ne but guère qu'une chopine à chaque bouchon ; aussi n'était-il pas beaucoup plus ivre qu'à l'ordinaire en arrivant à Bécherel.

— Oh ! hé ! mon fils, qu'as-tu fait de ta crinière ? crièrent de loin les joyeux gars de la foire.

Lion Brec les regarda de travers et voulut passer son chemin, mais les gars éclatèrent en rires moqueurs, en criant sur tous les tons :

— Pour sûr, les rats ont mangé la moitié de la perruque de Lion Brec.

— Une si belle toison !

— Faut tout de même que les rats ne soient pas difficiles ! C'était avec le feu.

Lion pâlit d'abord ; puis ses yeux s'allumèrent et un sourire d'allégresse sauvage entr'ouvrit ses lèvres hâlées.

— Qui veut manger le reste ? cria-t-il d'une voix tonnante.

Les plaisants commencèrent peut-être à réfléchir ; il n'était plus temps.

Lion Brec avait levé son bâton et ouvert un redoutable moulinet.

— Mais mangez donc ! mangez donc ! faillis rats ! hurlait-il.

Et, à chaque mot, il assenait un coup de bâton.

Chaque coup de bâton brisait un membre ou fêlait une tête.

Les gars, étonnés par cette brusque et furieuse attaque, ne songeaient point à se défendre.

Lorsque cette idée leur vint enfin, il y avait déjà bien des blessés sur le carreau.

Cependant, dix à douze bâtons se levèrent pour résister au bâton de Lion Brec.

En entendant le bruit sec et cassant du bois contre le bois, ce bon garçon poussa un long rugissement de joie et redoubla ses coups.

On eût dit un batteur maniant le fléau dans l'aire.

— Mangez donc ! mangez donc ! répétait-il, sans plus savoir ce qu'il disait.

Il frappait, il frappait...

C'était un spectacle étrange que cet homme seul, fort de sa rage et maîtrisant la foule.

Sa joie atteignait au délire, en même temps que sa fureur devenait folie.

Il frappait, haletant, baigné de sueur.

Sa poitrine rendait un râlement sourd ; ses narines fumaient comme les naseaux d'un taureau.

Parfois, lorsque le cercle se faisait autour de lui, il répétait son machinal : « Mangez donc ! » et s'élançait, infatigable, au plus fourré de la cohue.

Les gars tâchaient de leur mieux de le réduire, et lui rendaient coup pour coup, mais le bâton rebondissait, impuissant, sur la peau de Lion Brec.

Un seul endroit chez lui était vulnérable : c'était la partie de son crâne que le frater avait dépouillée de cheveux.

La blessure récente se montrait là saignante encore.

Les gars s'efforçaient de frapper ce but, mais Lion Brec le défendait d'instinct et faisait bon marché de tout le reste de sa personne.

On sait l'histoire de ce chevalier de Rhodes, Dieudonné de Gozon, qui dressa, suivant M. de Vertot, deux chiens de grande race à pousser droit au ventre d'un serpent de carton peint, afin d'y chercher leur nourriture.

Ce serpent de carton était la reproduction exacte et moulée sur nature d'un monstre fort cruel qui désolait l'île de Rhodes.

Le monstre n'avait sur tout son corps, cuirassé d'écailles, qu'une seule place attaquable, au ventre, et justement à l'endroit du ventre, qui, chez le serpent de carton, s'ouvrait pour permettre aux chiens de Gozon de prendre leur pitance journalière.

M. de Vertot a toujours passé pour un historien puissamment inventif.

Un beau jour, Gozon enfourcha son cheval, saisit sa lance et son épée, siffla ses deux chiens, et les mena promener du côté de l'île où le monstre faisait sa demeure.

.e monstre, justement, prenait ce jour-là du loisir et s'é-
.dissait au soleil.
.ès que les chiens l'aperçurent, comme M. de Vertot avait
.soin de ne leur point donner à déjeuner, ils s'élancèrent
.ns d'appétit et mordirent à belles dents le ventre, croyant
.rir la porte de leur buffet quotidien.
.'était ce qu'attendait M. de Vertot. Grâce au stratagème
.cet écrivain rusé, Dieudonné de Gozon n'eut plus qu'à en-
.cer sa lance ou son épée dans la gueule du monstre
.ntré.
.eci n'est point pour dire que les gars de Bécherel eussent
.ant d'imagination que les chiens de M. de Vertot.
.éanmoins, suivant leurs moyens, ils employèrent une tac-
.ue pareille.
.A mesure que Lion Brec s'échauffait, il parait moins pour
.oper davantage.
.es gars s'évertuèrent à marteler constamment la partie
.son crâne rasée par le frater.
.a tactique réussit, mais lentement.
.ion Brec possédait le parangon des caboches.
.a tête était un véritable pot de fer.
.l tomba enfin sur un monceau d'ennemis hors de combat.
.n instant ses yeux sanglants roulèrent dans leurs orbites,
.vulsivement distendus.
.l leva une dernière fois son bâton qui s'échappa de sa
.n mourante, et rendit l'âme en râlant son cri de guerre :
— Mangez donc !
.es chroniqueurs du bourg de Jévésé s'accordent à dire que
.n Brec aurait tué, jusqu'au dernier, tous les gars de Bé-
.rel, et bien d'autres encore au besoin, s'il eût eu sa per-
.ue rousse entière.
.ussi accusent-ils de la mort de ce recommandable garçon
.frater tondeur, dont le nom n'est point venu jusqu'à nous.
.e nos jours, il n'y a plus en Bretagne d'aussi terribles
.mpions que Lion Brec, mais les *pardons* des Côtes-du-Nord
.u Finistère se terminent encore parfois, à peu de chose
.s, comme la foire de Bécherel.
.os paysans ont toujours la tête dure, au physique comme
. moral, et ils avaient d'aussi bon cœur un coup de *pen*-
.ã, qu'un coup de cidre.
.e bâton est, pour eux, une arme sérieuse, arme de dé-
.se ou de duel.
.ous ne sachons pas qu'on s'en serve pour les joutes de
.ade comme autrefois, à moins que cela n'ait lieu encore
.s quelque sauvage hameau de la Bretagne bretonnante,
.omparablement plus éloignée de Paris que les domaines
.réditaires de Sa Majesté la reine Pomaré.
.adis, il en était autrement, non-seulement dans la basse
.tagne, mais aussi dans le pays rennais.
.es vieux paysans des bords de l'Ille se souviennent en-
.e de Fifi Bodin, de Betton, qui venait tous les ans pro-
.quer les forts des alentours sur la place des Lices, à
.nnes.
.ifi, vers la fin du dernier siècle, accomplit des prouesses
.'une plume de poëte pourrait seule raconter.
.ne fois, il entreprit de combattre contre tout venant de-
.s le lever jusqu'au coucher du soleil, et il en vint à son
.nneur.
.e maniement du bâton est trop connu, même dans nos
.s du centre, pour que nous en fassions la description.
.a seule particularité qui puisse distinguer le bâton des
.sans de Bretagne, c'est qu'il se termine ordinairement par
. gros nœud formant massue.
.l est flexible.
.'extrémité qu'on tient à la main est mince et munie d'une
.ite courroie qui sert au même usage que la chaîne d'acier
.'aide de laquelle les anciens chevaliers s'assuraient de ne
.mais abandonner leur épée.
.ouvent vous rencontrez, par les chemins solitaires de
.e-et-Vilaine, une honnête tournure de villageois à cheval.
.a monture est petite ; le cavalier est grand et touche la
.re du pied, à peu près comme les habiles à l'exercice du
.ocipède.
.euf fois sur dix, le paysan, coiffé du monumental cha-
.u à la Basile, dort à l'ombre de ses vastes bords.
.e bidet trotte menu, éperonné sans cesse par le gros bout
. bâton qui lui caresse les jarrets, mais en trottant menu, il
.t comme son maître et rêve les trop rares délices d'un
.ni-picotin d'avoine.
.ien de plus paisible que l'aspect de cette bête et de cet
.mme.
.n malfaiteur croirait qu'il n'y a qu'à parler pour arrêter
.ne et dévaliser l'autre.

Erreur profonde.
Si le larron s'avise de prononcer la phrase sacramentelle :
la bourse ou la vie ! notre paysan entr'ouvre paisiblement ses
yeux chargés de sommeil et regarde l'ennemi d'un air sour-
nois.
L'ennemi est seul ou en force.
S'il est seul :
— M'est avis, dit avec calme notre paysan, que vous feriez
mieux de passer votre chemin, mon homme.
— Allons ! dépêche ! la bourse ou la vie.
— Mon Dieu donc ! si c'est possible de faire des métiers
comme ça !
A ces derniers mots, on ne sait trop comment le bâton
siffle et décrit une demi-circonférence.
Le voleur pousse un cri, prend sa tête à deux mains et ne
demande point son reste.
Quant au paysan, il reprend son somme en murmurant :
— Hue ! Peschard..... rrrrou ! mon bijou !
Si les voleurs sont en force, c'est Peschard qui aura le beau
rôle.
Ce bidet si paisible, à l'allure débonnaire, portant humblement sa tête entre ses jambes, et fermant au soleil ses gros
yeux chassieux, va devenir, pour trois minutes, le roi des
coureurs.
Le paysan prend l'aplomb sur sa selle et siffle en touchant
du bout de son bâton l'oreille de Peschard.
Celui-ci connaît le signal.
Il part, et les voleurs qui, le jugeant sur sa mine, ne pou-
vaient s'attendre tout au plus qu'à un trot caboteux, demeu-
rent ébahis à la même place, et le regardent filer comme un
trait sur la lande.
Quand on est hors de portée, le paysan caresse le col humide de Peschard, et lui dit avec une tendre reconnaissance :
— Rrrrou, mon bijou !
Le danger est passé.
Peschard s'arrête et redevient bidet.
Heureux si son maître reconnaissant réalise son rêve et lui
accorde, au retour, en forme de haute-paye, le demi-picotin
ardemment convoité.
Au besoin, si, par fortune, Peschard ne trouvait point
ses jambes au moment du péril, notre paysan ne serait pas
tout à fait au dépourvu, même contre plusieurs.
Le bâton ne craint guère les couteaux, il peut jeter bas les
pistolets et repousser l'assaut des épées.
Voici ce qui arriva vers la fin du dix-septième siècle :
M. d'Acérac (Yves de Rieux) avait un vassal nommé Martin
de l'Ousche, qui ne le quittait jamais.
Acérac était un fougueux partisan de l'indépendance bretonne, et certains même le soupçonnaient de vouloir placer
sur sa propre tête la couronne ducale, à laquelle, d'ailleurs,
il n'était pas sans avoir quelques droits.
Un jour, au sortir du palais des États, Coëtlogon, lieutenant
du roi, voulut faire arrêter M. d'Acérac.
Dix soldats l'entourèrent et un cornette lui demanda son
épée.
Yves de Rieux était un fier homme d'armes.
Il s'adossa au mur du palais et se défendit comme il faut ;
mais, seul contre dix, il allait succomber, lorsque deux de ses
assaillants tombèrent assommés ; après ceux-là deux autres
tombèrent encore, puis deux autres, puis les quatre qui restaient
Si bien que M. d'Acérac fut obligé de dire holà et de demander merci pour le cornette.
Quel renfort avait donc ainsi mis à mal les soldats du roi ?
Ce n'était rien moins que Martin de l'Ousche, tout seul,
armé de son bâton à gros bout.
Exécution faite, l'honnête vassal regarda autour de lui
avec un air de regret, puis il marcha devant son maître, qui
traversa la ville sans encombre, et se retira dans son manoir.
Quand Martin de l'Ousche racontait ce fait, il avait soin
d'ajouter avec modestie :
— C'est pas la peine d'en parler. Les gens de France se
battent avec des *broches* à tricoter... Et puis ils n'étaient
que dix.

IV

LA GRENOUILLE.

Il y a des métayers qui se feraient arracher une dent pour
une pleine écuelle de *noces* toutes chaudes, mais il y a d'au-

tres métayers qui pensent et affirment que les *grous* sont de beaucoup préférables. Les *grous* ont leurs tenants, les *noces* ont leurs champions, ni plus ni moins que Racine et M. Victor Hugo. Un homme qui aime les *noces* ne peut que mépriser un homme qui aime les *grous*. C'est normal, c'est naturel. Il faut choisir entre *Athalie* et les *Burgraves*, entre le mâcon et le bordeaux. *Il faut choisir*, devise éternelle, féconde, sublime! La neutralité, c'est l'apathie ou le mensonge. Voilà pourquoi les gens de Cesson, de Noyal et d'Acigné déchirent la *grenouille* sur le pont de Cesson, le jeudi de la mi-carême. Expliquons-nous.

Les *noces* sont un mets éminemment simple et primitif. C'est de la bouillie d'avoine. Les *grous* ne le cèdent en rien aux *noces :* c'est de la bouillie de sarrasin. On mange les noces dans une écuelle avec un petit morceau de beurre au centre, pour graisser la pâte; on mange les grous dans le propre chaudron qui les vit cuire, à moins que, par sybaritisme insigne, on ne veuille y joindre une cuillerée de lait caillé. Cet assaisonnement, au dire des connaisseurs, donne aux grous une saveur réellement incomparable. Quant à la *grenouille*, c'est un petit bâton de bois dur qui peut avoir deux pieds de long et un pouce et demi de diamètre.

Une chose parfaitement incontestable, c'est que, d'ici à cinquante ans, si ce n'est plus tard, il y aura un chemin de fer de Paris à Brest. En ce temps, on ne mettra guère que huit heures trente-sept minutes et un nombre insignifiant de secondes pour se rendre au pont de Cesson, qui est sur la rivière de Vilaine, à une lieue en amont de Rennes. Chacun alors, quand viendra la mi-carême, pourra monter en wagon et se procurer la satisfaction de voir déchirer la grenouille par les bons gars d'Acigné; chacun pourra même s'assurer *de gulâ* des mérites respectifs et rivaux de la bouillie d'avoine et de la bouillie de sarrasin. Cesson sera dans la banlieue de Paris; on connaîtra Noyal comme Pantin ou Saint-Cloud, et les jeunes employés du commerce graveront poétiquement leurs initiales bourgeoises sur l'écorce séculaire des grands chênes de la forêt de Rennes. Tout le monde voyagera, verra, saura; pour se faire lire, hélas! les malheureux conteurs seront tenus d'aller faire des études de mœurs aux îles Sandwich; on verra le feuilleton maigrir, les variétés s'étioler, le roman disparaître... Ce dont Dieu préserve le monde et les cabinets de lecture!

En attendant, la province garde son éloignement et ses mystères, ce qui permet aux variétés, au roman et au feuilleton de vivre jusqu'à nouvel ordre. Par exemple, pour voir *déchirer la grenouille* au pont de Cesson, il faut que le Parisien passe deux nuits et un jour dans les limbes de la diligence de Laffitte-Caillard. Réciproquement, l'habitant de Cesson qui a fantaisie d'admirer la *Péri*, doit passer, dans lesdites limbes, une nuit et deux jours. C'est trop. Mieux vaut lire.

A ce propos, nous pourrions, sans aucun doute, faire une dissertation recommandable touchant l'avenir de la Société des gens de lettres, considérée dans ses rapports avec la vapeur, mais ceci nous entraînerait trop loin de notre sujet, qui est la grenouille.

La Vilaine, cette modeste rivière qui ne mérite pas toujours l'insulte de son nom, coule entre deux plates-bandes de roseaux, le long d'une étroite chaussée qui borde les dernières maisons du bourg de Cesson. De l'autre côté de l'eau s'étend une de ces belles prairies du pays rennais, dont le produit en crème et beurre est apprécié par les gourmets du monde entier. A l'époque de la mi-carême, le sol de cette prairie, humecté par les pluies de mars, est glissant outre mesure, sous sa verte fourrure de gazon.

Cette circonstance joue un notable rôle dans la joute bizarre et toute locale que nous avons fait dessein de raconter.

Un jour (c'est ainsi que les antiquaires déduisent l'origine de cette joute), un jour d'*assemblée*, les gars de Noyal, de Cesson, d'Acigné, de Rennes, etc., étaient réunis à l'angle de la prairie, sous le pont de Cesson.

Il y avait festin.

Deux gigantesques chaudrons trônaient sur deux bûchers incessamment attisés par les métayères.

Dans l'un de ces chaudrons cuisait de la bouillie d'avoine; dans l'autre c'était de la bouillie de sarrasin.

Les *grous* et les *noces* étaient en présence.

Parmi l'assistance, ceux qui aimaient les noces se rangèrent naturellement autour de la première chaudière; ceux qui aimaient les grous en firent autant autour de la seconde.

On causait de choses et d'autres.

— C'est bon! dit tout à coup une jeune fille gourmande, en aspirant le fumet des grous.

Par hasard, une autre jeune fille gourmande qui savourait l'odeur des noces, dit au même instant :

— C'est bon!

Jusque-là, rien de mal; mais une vieille métayère curieuse regarda tour à tour les deux jeunes filles et s'avisa de parler.

— Qui est-ce qui est bon? demanda-t-elle.

— Mon Dieu donc! c'est les noces.

— C'est les grous, mon Dieu donc!

Ces deux réponses, faites à la fois, se croisèrent.

Les gars commencèrent à se gratter l'oreille.

Cinq minutes après, les grous disaient de gros mots aux noces.

Cinq autres minutes après, les noces se ruaient sur les grous.

Ce fut une mémorable mêlée.

Tous les combattants étaient sans armes, à l'exception de deux ménagères qui tournaient les bouillies rivales avec de longues et fortes cuillers de bois.

Ces deux femmes s'abstinrent durant quelques instants, mais la fureur belliqueuse les prit bientôt comme les autres, et, cuiller en main, elles firent des prodiges de vaillance.

On peut le dire, si les noces attaquèrent valeureusement, les grous soutinrent le choc avec héroïsme.

Les gars tombaient assommés et ne se plaignaient pas; les femmes arrachaient des poignées de cheveux à tort et à travers, si bien qu'on eût pu trouver le lendemain, sur le champ de bataille, de quoi confectionner une multitude de perruques.

Enfin les deux amazones, armées de cuillers, se rencontrèrent dans la foule et entamèrent un combat singulier.

Celle qui tenait pour les grous eut du malheur : dès les premières passes, son instrument se rompit.

Loin de fuir, cette intrépide bonne femme s'élança sur la cuiller ennemie et la saisit à belles mains en criant :

— A moi, les grous!

— A moi, les noces! riposta l'autre héroïne.

Et la lutte générale recommença.

C'était, maintenant, à qui aurait la cuiller.

Le sort partagea le différend.

La cuiller, violemment sollicitée de tous côtés, se rompit son tour.

Les grous eurent le manche; les noces eurent l'écuelle.

Le soir, il fallut plusieurs douzaines de charrettes pour emporter les victimes de cet acharné combat.

Des métayères, qui étaient venues là avec une forêt de cheveux roux, s'en retournèrent chauves, et de bons gars y perdirent jusqu'à trente-deux dents.

Ceci eut lieu un jeudi de mi-carême, en l'an... Nous pensons que la date importe peu, ce qui, joint à notre complète ignorance, nous dispose à ne la point relater ici.

La *grenouille* qu'on *déchire* tous les ans à la même époque au pont de Cesson, est une sorte de commémoration de cet événement célèbre.

Quant à l'origine probable du mot lui-même, le lecteur pourrait la bien saisir en ce moment. Nous décrirons d'abord la joute.

Vers une heure après midi la foule commence à se rassembler au pont de Cesson.

C'est d'abord la belle jeunesse de Cesson, quelques fûts gars de Chantepie, les tisserands de la Piletière et un demicent de ces *zingari* qui se chauffent aux pâles rayons du soleil de Bretagne sur les places publiques de Rennes.

Dans le département de la Seine, on les nommerait des vagabonds, à moins qu'ils ne fussent d'âge et de taille à s'appeler encore *gamins;* dans l'Ille-et-Vilaine, on leur accorde le pittoresque surnom de *Pousse-Cailloux.*

Tout cela se mêle, cause, fraternise.

Les jeunes filles rient aux éclats, sans autre but bien arrêté que de montrer leurs dents blanches : les ménagères ont la physionomie grave et digne qui convient à leur état social; les métayers s'offrent avec courtoisie leurs *chincheois* de corne, toutes pleines de tabac en poudre impalpable, qui ferait éternuer un mastodonte.

Les gars enfin devisent la *grenouille* de l'an passé, ou font raconter les événements politiques par les pousse-cailloux qui connaissent parfois des marmitons de bonne maison, lesquels lisent à la dérobée le journal, emprunté par le chef de cuisine au valet de chambre, qui l'a volé à son maître

les conversations cessent : les jeunes filles cachent
ongues dents, les métayers remettent en poche leurs
rires, et les gars se lèvent sur la pointe des pieds pour
er au loin.
oin, on aperçoit sur la grande route une manière de
sion qui s'avance, bannière en tête.
 Acigné, c'est Noyal, c'est l'ennemi !
h ! tôt ! préparez la grenouille ! qu'elle soit bonne, et
et *franche* (polie), et telle enfin que deux honnêtes
issent la tenir sans se faire de mal.
renouille est prête.
gens de Cesson descendent sur la prairie, où ne tar-
as à les joindre les gars de Noyal et d'Acigné.
onjour à vous et bonne santé tout de même ! se disent
x troupes avant d'en venir aux mains.
a-t-il pas dans ce salut qui précède la bataille un vieux
 d'urbanité chevaleresque ?
 gars sortent des rangs. Il y en a un du bourg de Ces-
autre vient d'Acigné. Ils se placent en face l'un de
et se frappent trois coups dans la main. C'est le si-
es deux camps s'ébranlent.
h ! là ! entend-on de toutes parts ; ça va brûler de
our cette fois, aussi sûr que je suis chrétien... écoutez
ma fâ dam, je ne mens pas !
deux gars saisissent *grenouille* du mieux qu'ils peu-
t, tout aussitôt, sous chacun d'eux, se place une sorte
atide humaine qui fait office de poteau. Les deux gars,
us par ces piédestaux animés, prennent une position
ntale à quatre pieds du sol. En même temps les pa-
rivales s'attellent litéralement aux jambes des cham-
et tirent de tout leur cœur. Les deux gars tiennent
rs la grenouille, qui est évidemment un symbole de la
e cuiller disputée autrefois au même lieu. Et tout le
, en tirant, pouffe de rire, excepté pourtant les cham-
qui sont loin d'être sur un lit de roses.
iens bon, mon chéri ! disent de loin les métayères.
h ! là là ! crient les jeunes filles qui sont assises pour
rire ; y a-t-il du jeu ! mon Dieu donc, y en a-t-il !
 C'est vrai qu'il y en a !... oh ! là ! là !... pour sûr, on
 se mieux que l'an passé !
deux gars tiennent toujours la grenouille. Quand le
esque attelage qui tire sur leurs jarrets fait un peu re-
ils essayent de tourner la barre et de se l'arracher mu-
ment. Mais les poignets sont fermes et les têtes obstinées.
 garde de lâcher prise. Les visages, cependant, passent
ge au violet, les fronts se gonflent, les muscles des
emblent vouloir soulever la peau.
iens bon, mon chéri !
royez-vous que c'est là tout ? Écoutez.
rires redoublent.
jeunes filles se tiennent les côtes, et les métayères
nêmes essayent en vain de contenir la convulsive hila-
ui soulève les *piécettes* de leurs tabliers.
Qu'est-ce donc ? C'est un intermède attendu, mais qui
nque jamais son effet.
s avons dit que la terre est grasse à cette époque de
e.
n des gars attelés aux tibias du champion de Cesson a

contre-coup de sa chute a fait glisser son voisin.
proche en proche, tout le monde glisse et tombe.
millier de reins prennent leur mesure sur l'herbe mouil-
i vous avez vu choir parfois une rangée de capucins
rtes, vous pouvez vous faire une idée exacte de ce coup
éâtre.
st joli, c'est incontestablement joli !
se relève, on tâche d'assurer son talon ferré dans le
 l'on recommence à tirer, car les deux gars n'ont point
 prise.
is deux sont tombés à plat ventre, tandis que leurs te-
 tombaient sur le dos, mais leurs mains sont rivées à la
uille.
 se cramponnent au bois ; leurs doigts crispés s'y incrus-

se promettent, soyez sûrs, *in petto*, de mourir sur place
 de lâcher prise.
utre part, les tenants sont impitoyables.
nt Dieu ! il s'agit de l'honneur de la paroisse.
ir une si belle cause, on ne saurait moins faire que d'é-
ler deux hommes.
s articulations craquent, on tire toujours ; les membres
t, s'allongent, on tire plus fort : si la jambe se brisait
nou, on tirerait sur la cuisse.

Il n'y a pas moyen de s'amuser autrement.
Maintenant le lecteur saisira fort aisément l'origine du mot
grenouille.
Ce mot est passé de l'homme au bâton.
Les deux champions, en effet, soutenus horizontalement,
les membres tendus, les yeux sortant de tête, ressemblent
fort à ces infortunés batraciens que les enfants méchants sus-
pendent aux arbres par les deux pattes de derrière.
En ce sens, *déchirer la grenouille* est un terme énergique,
mais vrai.
Toute lutte a ses secrets.
Les forts au combat de la grenouille ont dans leur sac une
infinité de ruses qui, exécutées comme il faut, ne contribuent
pas peu à la joie générale.
L'espace nous manque pour les énumérer, et nous en cite-
rons seulement quelques-unes.
Fancin Lessaint, petit bossu du bourg de Noyal, est l'A-
chille de ces joutes drôlatiques.
Les gens de Cesson prétendent qu'il a une manière de
nouer ses longs doigts autour de la grenouille, de telle façon
qu'il faudrait lui briser le poignet pour lui faire lâcher prise.
On affirme que, depuis l'âge de quarante ans, il a grandi
de trois bons pouces à ce jeu.
Si ce fait est véritable, il faut recommander la grenouille
aux directeurs des établissements orthopédiques.
Ce Fancin Lessaint est plus fin qu'il n'est gros.
Tantôt il resserre, pour ainsi dire, ses long bras de bossu ;
il les raccourcit par un effort puissant, ensuite, prenant son
temps, il lâche tout à coup ses muscles.
La paroisse ennemie recule, glisse et tombe.
Fancin, qui seul est préparé, saisit l'occasion, donne une
secousse, et arrache toute la grenouille.
D'autres fois, lorsqu'il se sent faiblir, il contourne ses traits
et fait de si désopilantes grimaces que son adversaire, énervé
par un fou rire, est obligé de lâcher le bâton.
Aussi, la meilleure auberge d'Acigné porte-elle pour enseigne la représentation d'un animal inconnu des naturalistes,
et propriétaire d'une bosse très-bien dessinée, autour de la-
quelle on lit ces mots. : « A Fancin Lessaint, on loge à pied
et à cheval. »
L'autre auberge d'Acigné a pour enseigne un portrait
équestre de Napoléon, orné d'une longue-vue de sept pieds.
Mais ne laissons pas trop longtemps nos pauvres jouteurs
en suspens.
Vous souvient-il de ce combat de deux clans sauvages que
Walter Scott place dans sa *Jolie fille de Perth ?*
Qhecle et Chatam sont en présence.
Tous combattent excepté les joueurs de cornemuse.
Puis, la fièvre des batailles saisit les musiciens à leur tour.
Ils se jettent dans la mêlée ; ils frappent, ils meurent.
Ainsi arrive-t-il au pont de Cesson, sauf toutefois de légères
différences.
Les jeunes filles s'impatientent, elles se lèvent, elles appro-
chent, elles tirent.
Les ménagères se lèvent pour les retenir ; elles s'approchent
pour les gronder (mais résistez donc aux invincibles attraits
de la grenouille !) les ménagères tirent.
Or, ce sont des femmes de poids.
Les malheureux champions, épuisés déjà, ne peuvent sup-
porter ce dernier effort.
L'un d'eux cède, et les deux troupes, au même instant,
sont violemment précipitées sur le dos.
Mais cette fois on ne rit plus, car on veut savoir quel est
le vainqueur.
On se presse, on s'écrase pour arriver à l'endroit où gisent
les champions.
Parfois, ceux-ci ont la force de se relever ; parfois, on est
obligé de les mettre sur des civières.
Ceci n'importe point ; il s'agit de la victoire.
Elle est proclamée enfin, au milieu d'enthousiastes cris
d'allégresse.
Les vainqueurs sont fous de joie ; les vaincus se consolent
en se promettant de prendre leur revanche à l'occasion.
Puis, vainqueurs et vaincus soupent de bonne amitié, les
uns avec des *grous*, les autres avec des *noces*.

V

LE FOUET.

Il y avait jadis à Guer et à Lohéac des *Compagnons du
Fouet.*

C'étaient sans doute de rudes jouteurs; mais ils étaient trop pauvres pour solder un historiographe, et trop peu lettrés pour écrire eux-mêmes le récit de leurs hauts faits.

A cause de cela nous ne saurions point dire ce qu'ils firent pour la gloire, et nous constaterons seulement, en passant, que les combats au fouet remontent, en Bretagne, à des temps fort reculés.

Le fouet est une arme terrible.

Les blessures qu'il fait, souvent mortelles, sont des plus difficiles à cicatriser.

Il étourdit comme la massue; il étrangle comme le lacet des gladiateurs antiques; il frappe comme la balle, et peut, comme le cimeterre, trancher les chairs et broyer les os.

Aussi les garçons de Lohéac disent-ils, en façon de proverbe :

— Fouet de la Saint-Jean, bon pied, bon cœur, bon œil, ne craignent bâton, sabre ni carabine.

Ce proverbe ne ment point.

Le fouet de la Saint-Jean (dans d'autres localités, c'est le fouet de l'Assomption, de la Trinité, etc., suivant l'époque où se livre le tournoi rustique) est emmanché court.

Son *pied*, pour nous servir de l'expression locale, est un fort bâton, sans flexibilité aucune.

Le fléau se compose de quatre fils de chanvre, câblés, ou de huit brins tressés; il est long de trois ou quatre toises, souvent davantage; à l'endroit du renflement, il est gros comme le bras d'un homme, et va s'amincissant jusqu'à la mèche ou *coutisse*, qui est tordue à force, nouée de distance en distance et poissée.

Ce fouet, lancé à tour de bras par un virtuose, fait beaucoup plus de bruit que la détonation d'un fusil de calibre; on l'entend d'une lieue sur la lande, et quand plusieurs exécutants se réunissent en concert, il faut, de nécessité, s'enfuir ou se boucher les oreilles.

C'est à la Gacilly, gros bourg situé sur les confins de l'Ille-et-Vilaine et du Morbihan qu'a lieu annuellement, le jour de l'Ascension, la plus belle *fête des fouets* de toute la Bretagne.

C'est une véritable passe d'armes, où l'on combat dix contre dix, vingt contre vingt, suivant le nombre des amateurs.

Les prix sont extraordinairement magnifiques.

En 1825, un gentilhomme du voisinage donna une timbale d'argent qui valait bien trois pièces de six livres.

Dix-huit francs, sans compter l'honneur!

Il dut y avoir ce jour-là bien des visages balafrés, bien des os moulus, bien des têtes fêlées!

Nous avions l'insigne avantage de nous trouver, de notre personne, à la fête des fouets de 1837.

Le prix était une demi-douzaine de chollets à carreaux et une livre de tabac à fumer.

Tout de suite après la grand'messe, la place du bourg fut encombrée d'une foule compacte et impatiente.

Les champions ne se firent point attendre.

Ils étaient douze, et se rangèrent six d'un côté, six de l'autre.

Les deux troupes étaient séparées par une telle distance que la longue lance des preux du moyen âge eût été, pour leur combat, une arme notablement trop courte.

Les combattants avaient, pour tout vêtement, leurs culottes courtes de toile feutrée et des chemises dont le tissu échappe à toute dénomination ayant place dans notre vocabulaire.

Cette étoffe est quelque chose comme du coutil porté à sa trentième puissance, c'est une exagération de la toile à voile, c'est de la ficelle tissée.

Leurs cheveux, longs par derrière et coupés carrément sur le devant, livraient au vent leurs masses incultes et libres de toute coiffure.

Leur bras gauche était nu.

Leur bras droit, celui qui tenait le fouet, se trouvait défendu, depuis le poignet jusqu'au coude, par une sorte de brassard en cuir durci.

Cette arme défensive augmentait singulièrement leur apparence belliqueuse.

Les deux troupes se distinguaient par la couleur des pompons de leurs fouets, qui étaient blancs pour les uns, rouges pour les autres.

— *Méfiez-vous!* dit à haute voix un vieux paysan, à tête patriarcale, qui remplissait l'office de juge de camp.

Les douze gars prirent posture, le fouet élevé et la mèche retenue dans la main gauche.

— *Druyez!* ébattez-vous, dit encore le vieux paysan.

Les douze câbles sifflèrent à la fois, mais on n'entendit aucun claquement. Les fouets, dans ce premier assaut, prévu nécessairement, et facile à éviter, s'étaient rencontrés au passage. Le premier coup est toujours de nul effet.

Mais le second! ce fut une manière de changement à vue. Les plus adroits dégagèrent prestement leurs armes, et frappèrent à revers; quatre ou cinq balafres, longues, violettes, sanglantes, apparurent subitement, avant que les spectateurs eussent pu suivre la prodigieuse rapidité de l'attaque et de la parade. Puis on frappa encore, et tous les visages, à l'exception de deux, furent hideusement marqués.

— Ils en tiennent, mon Dieu donc! ils en tiennent, ma fi dam, oui! disaient les curieux enthousiasmés; n'y a que les deux Josille qui n'en ont pas, les deux crânes faucheurs qu'ils font... ah! mais dam!

— Ah! mais dam!... ça c'est vrai qu'ils tapent comme il faut, mon Dieu donc! Ils sont là pour ça, faut pas mentir!

Les deux Josille (Joseph) étaient deux gars de Pipriac, renommés pour leur habileté supérieure. Josille Kaër était général des Rouges; Josille de Bran-Ferreu commandait les Blancs. Ils étaient en face l'un de l'autre. Tandis que leurs camarades frappaient à tour de bras, ils ménageaient leurs coups, sachant que le sort du combat dépendait d'eux en majeure partie.

Les deux Josille formaient entre eux plein contraste.

Kaër était un grand garçon à la robuste carrure, au corps légèrement voûté par ses travaux de labourage, au visage inerte et n'exprimant qu'une indomptable obstination.

Josille de Bran-Ferreu, au contraire, n'avait pas cinq pieds de haut.

Son maigre corps avait une apparence de faiblesse peu ordinaire aux paysans de ces contrées; mais il était *tout nerf*, comme on dit, en dépit de l'Académie, et ses petits yeux verts ronds, rapprochés, perçants, avaient une expression d'astucieuse audace, qu'augmentait la forme tranchante de son visage long, imberbe et osseux.

Un profane eût parié pour Josille Kaër, le grand Josille, mais les gars de Pipriac et de la Gacilly savent le fouet par cœur du manche à la mèche, et le petit Josille avait ses tenants.

Ceux qui, à Satory ou au Champ de Mars, ont vu sportsmen et sportswomen pencher hors des galeries leurs favoris et leurs naittes brillantes, et braquer le lorgnon sur Karagheuse, sur Romanesca, sur Governor, Governess, ou tout autre coureur de sexe quelconque, orné d'un nom qui fait honneur au génie du gentleman son propriétaire, ceux-là peuvent se faire une idée de la curiosité anxieuse et pleine de passion qui animait nos paysans bretons.

Ils regardaient; leur âme et leur intelligence étaient dans leurs yeux; la foudre fût tombée au milieu d'eux sans attirer leur attention.

— Une chopine pour les rouges! criait l'un.

— Ça tient! répondit l'autre; et une pinte itout pour les blancs.

— Une pinte itout!... Et un pot, si le cœur t'en cause?

— Reste tranquille, notre homme! conseillait une prudente ménagère.

Mais empêchez donc un amant du sport de parier cinq cents louis sur Méloplaste, Hypoténuse, Child-of-the-Puss ou tout autre pur-sang.

Le mari haussait les épaules, imposait silence à sa ménagère par un geste qu'il ne serait point séant de décrire, et s'emprenait en s'échauffant :

— Le cœur m'en cause, ma fâ dam, oui!... Un pot, tient! ça tiendrait pour deux, mon filiot.

— Pour deux tout de même... En veux-tu trois?

— Reste tranquille, notre homme!

Pauvre ménagère!

— Trois itout!... et quatre?

— Et cinq!...

Et ainsi de suite.

De sorte que les vrais gagnants à la fête des fouets, ce sont les cabaretiers.

Mais le combat se poursuit.

L'acharnement s'en mêle.

On ne pare plus guère, tant on a grande passion de frapper.

Écoutez! c'est un cliquetis diabolique, incessant : on dirait une fusillade.

Voyez! les mèches sont passées à l'état d'étoupes, mais elles se poissent de nouveau dans le sang de l'ennemi.

Les visages n'ont plus forme humaine; les longs cheveux se collent aux fronts dégouttants de sueur.

C'est le moment : pour qui pariez-vous?

On tient depuis une chopine de cidre jusqu'à un pot d'eau-de-vie.

Pesez vos bourses, et gagez suivant vos moyens.

La partie est égale.

Les comparses, haletants, sont couverts de blessures, mais le petit Josille, mais le grand Josille n'ont pas reçu un seul coup.

On reconnaît le son éclatant et plein de leurs fouets, au milieu du fracas général.

La première blessure qu'ils feront se verra de loin.

Que disions-nous?

L'assemblée a poussé un long cri.

Les tenants du petit Josille baissent la tête, tandis que les partisans de Kaër se livrent à d'enthousiastes démonstrations.

C'est que Kaër a *étrenné*.

Son fouet, habilement dirigé, a trompé la parade.

Une spirale bleuâtre le long de laquelle suintent des gouttelettes de sang, tourne autour du bras gauche du petit Josille.

Celui-ci a chancelé, tant la douleur a été violente.

Mais la douleur et lui se connaissent.

Il s'est remis en garde et le chanvre de sa mèche claque, voltige, tournoie, à six pouces du visage de son adversaire, ni plus ni moins que devant.

Quand deux bons chevaliers avaient longtemps martelé leurs hauberts sans entamer cette solide carapace, et qu'enfin une heureuse estocade, trouvant à point quelque jointure, mettait la première tache de sang sur l'étincelant acier de l'épée, ce devait être un frémissement soudain autour de la lice.

Les nobles hommes trépignaient d'envie, les damoiselles agitaient leurs écharpes et les hérauts criaient :

— Gloire aux fils des preux !

A la Gacilly, on n'aurait pu trouver ni nobles hommes, ni damoiselles, ni hérauts d'armes, mais nous avons peine à croire que la passion des joutes fût moindre dans l'assemblée rustique que dans l'illustre assistance, qui entourait un champ-clos chevaleresque.

— Bien sanglé, grand Josille! crièrent les tenants de Kaër.

— Faut rendre ça, petit Josille! hurla le reste de l'assistance.

Le petit Josille ne bougea point, mais on put voir un malin sourire relever les deux coins de son étroite bouche.

Kaër, animé par son premier succès, fit un pas en arrière et lança son fouet avec une irrésistible vigueur.

Le petit Josille ne para pas.

Seulement il pirouetta sur lui-même et envoya sa mèche mollement.

Sa corde décrivit dans l'air sa courbe accoutumée; au moment où elle allait retomber, le petit homme la tira violemment.

Un sourd claquement se fit entendre, et Kaër porta sa main gauche à son visage, coupé en deux par une gigantesque balafre.

La chance avait tourné.

— Bien sanglé, petit Josille! crièrent les blancs à leur tour.

— Faut pas bouder, Kaër! répondirent les rouges désappointés.

Il n'y avait plus que les deux Josille au centre de la lice.

Le commun des champions avait fait trêve, et c'était en vérité triste chose que de voir ces pauvres gars, couchés sur le sable, haletants, défigurés, brisés, étanchant leurs plaies saignantes avec les lambeaux de leurs vaillantes chemises.

Les moins maltraités noyaient leurs douleurs dans des flots de cidre; les autres faisaient de fort laides grimaces, et quelques-uns donnaient à peine signe de vie.

On ne prenait point garde à eux.

Saint Sauveur! la foule avait bien d'autres choses à regarder.

Kaër, un instant aveuglé par le terrible choc qu'il avait reçu, mit son brassard de cuir devant son visage, et tint son arme en arrêt.

Le petit Josille, loin de profiter de son avantage, tira froidement son chollet de sa poche et se moucha bruyamment, au grand plaisir de ses tenants, qui trouvèrent la plaisanterie d'excellent goût.

— Holà! disaient les femmes en pouffant de rire; ho là là! on ne s'est jamais tant amusé, pour sûr... Pas vrai?

— Mon Dieu donc! au grand jamais, c'est la vérité!

A la Gacilly comme ailleurs, en France, le ridicule tue.

Ces éclats de rire jetèrent le chef des rouges hors de son sang-froid.

La fureur le prit en même temps que l'humiliation l'accablait.

A dater de ce moment, personne n'engagea pour lui de nouveaux paris; certains même, parmi ses tenants, mirent sur le tapis quelques grosses subtilités armoricaines et tâchèrent de résilier leur gageures.

Il n'était pas vaincu, pourtant.

Sa forte haute taille s'était redressée dans toute sa hauteur.

La contraction de ses traits durement accusés et la balafre écarlate qui sillonnait son visage donnaient à sa physionomie une sauvage et menaçante puissance.

Son souffle râlait en s'échappant de sa poitrine.

Son pied, impatient, creusait le sol.

Il frappait sans relâche et avec un véritable délire.

On avait le vertige à suivre les prestigieuses évolutions de son fouet qui claquait à droite, à gauche, et décrivit autour du petit Josille des myriades de circonférences bizarrement enchevêtrées.

Le petit Josille, lui, gardait son calme et parait, sans se presser, ces coups prodigués follement.

Il attendait, toujours souriant et tranquille.

Pas une goutte de sueur sur son front; pas une ride insolite aux coins moqueurs de sa lèvre.

Parfois, lorsque l'occasion se présentait, son fouet rendait un bruit sourd auquel répondait un sourd rugissement de Kaër.

Au bout de dix minutes, celui-ci était couvert de blessures.

Sa chemise, devenue haillons, flottait en lambeaux humides autour de lui.

Sa bouche écumait; ses yeux, aveuglés par les mèches mouillées de ses cheveux, ne pouvaient plus diriger ses coups.

Et pourtant il frappait toujours.

La foule ne criait plus, ne riait plus, ne gageait plus : les femmes elles-mêmes se taisaient.

Il y avait quelque chose de solennel dans cette lutte inégale désormais, quoique furieusement soutenue, qui se poursuivait au milieu d'un silence de mort.

Chacun des coups de Kaër eût assommé son adversaire, si celui-ci ne les eût évités avec une indescriptible adresse.

Chacun des coups du petit Josille portait au contraire.

Plus faibles, ils accablaient par leur nombre.

Les bons garçons de la Gacilly sentaient-ils ce qu'avait de frappant cette victoire de l'intelligence sur la vigueur brutale?

Nous ne savons, mais ces résultats les impressionnaient vivement : c'était comme le dernier acte d'un drame où le comique n'a plus de place; tous retenaient leur souffle et dévoraient par avance la catastrophe prochaine.

Enfin le grand Josille tomba lourdement sur ses genoux.

— Faut pas bouder, Kaër! crièrent à ce moment quelques voix timides.

Le malheureux roula son regard terne et fit effort pour se relever.

Le petit Josille, impitoyable dans son triomphe, se moucha derechef. Quand il eut remis son chollet dans sa poche, il leva son fouet, comme pour donner le coup de grâce.

Un frémissement courut dans la foule.

Mais il y avait du bon chez le petit Josille.

Au lieu de frapper, il entortilla dextrement l'arme de son adversaire vaincu, l'arracha des mains de Kaër par une brusque secousse, et croisa ses bras sur sa poitrine.

Kaër ferma les yeux et mit sa tête brûlante dans le sable.

En conséquence, les blancs furent proclamés vainqueurs par un hourra qui eût fait honneur à un *repeal meeting*.

Chacun des champions subalternes eut un chollet de douze sous, et le petit Josille conquit la livre de tabac.

Somme toute, ce fut une jolie *fête des fouets*, et les ménagères en parlent avec estime aux veillées; mais, l'an qui vient, on tâchera de mieux faire.

VI

LE PAPEGAULT

Il faut avoir de l'argent pour *mirer le papegault* à la paroisse des Fougerays.

Ceux qui ne l'ont point vu ne le veulent point croire, mais le fait est qu'il en coûte un sou marqué par chaque coup de fusil.

Un sou pour une méchante balle de plomb, pour une pincée de poudre !

Un sou de bon cuivre valant quatre liards, avec chacun desquels on pourrait acheter un cent de macles ou de châtaignes !

C'est le malheur des temps : l'argent se fait rare, tandis que tout devient hors de prix.

Ceux qui n'ont pas de barbe encore verront le jour où deux liards ne suffiront plus pour acheter une pinte de petit cidre !

Le monde vieillit, pour sûr, et tout cela finira mal.

Ces réflexions mélancoliques et quelque peu dénigrantes font le sujet ordinaire des conversations entre les plus sages sénateurs de Glénac, de Ruffiac, de Renac, de Pipriac et de Sourdéac, le jour du grand *papegault* des Fougerays.

En tous pays, les sachems ont rarement tort.

Ici, néanmoins, il faut reconnaître que les pères-conscrits de Glénac, Ruffiac, etc., se montrent un peu sévères.

Un sou pour la poudre, la balle, la location de l'arme et la chance de gagner le papegault !

On voit ici-bas des choses plus exorbitantes.

Mais, s'ils sont sévères, ils ont raison en principe ; car, au bon temps, chacun venait avec son fusil, et tirait, sans autre cérémonie que d'attendre son tour.

Le prix était alors donné, non pas vendu.

Hélas ! où l'industrie ne va-t-elle pas se nicher !

Le papegault se fait maintenant par *entreprise:* c'est une spéculation, une banque, comme la roulette à Baden, comme autrefois le trente-et-quarante à Frascati.

Celui qui tient le papegault empoche la redevance.

On a vu des gaillards conquérir, à ce métier, jusqu'à un franc et plus dans leur journée.

Nous disons un franc net, frais prélevés, ce qui constitue un joli bénéfice.

Le papegault (prononcez *pâtgaô*, si vous voulez qu'un Morbihannais vous comprenne) a gardé, comme on voit, son nom chevaleresque.

On tirait le papegai sous saint Louis, non pas, il est vrai, avec des fusils de munition, mais avec des arbalètes, des frondes ou tout autre engin connu en ces temps d'innocence.

Alors, le mot et la chose concordaient.

Le papegai était un oiseau véritable qui servait de blanc ou de but ; de nos jours, les tireurs dédaigneraient semblable cible.

L'oiseau, fût-ce un colibri, est trop gros pour leur savoir-faire, et il n'y a que les maladroits boutiquiers qui s'en vont, le dimanche, disputer des prix dans la banlieue de Paris, pour mettre en joue, au dix-neuvième siècle ! un blanc plus large qu'un écu.

Aux Fougerays, le blanc n'est pas si large qu'un écu, il n'est pas si large qu'un franc ; il n'a pas même le diamètre d'une pièce de cinquante centimes.

Ce blanc est une *maillette,* c'est-à-dire un de ces gros clous à tête biseautée, dont les juifs perçaient les membres des crucifiés, et que nos paysans de Bretagne alignent à quintuple rang, sous la semelle de leurs impérissables souliers.

Cette maillette est légèrement piquée au centre d'une planche arrondie et peinte en blanc.

Pour gagner le papegault, il faut que la balle l'enfonce (la maillette) tout droit et sans tordre sa queue.

Or, la distance est de cent cinquante à deux cents pas, et les fusils ne sont point, tant s'en faut, des armes de luxe.

Malgré ces difficultés, il y a toujours foule de concurrents au papegault des Fougerays, qui se tient sur la lande, au pied des hautes carrières d'ardoises.

On y vient de bien loin, et il n'est pas rare d'y rencontrer quelques malins de Malestroit, de la Roche-Bernard et de Rieux, mêlés au mirliflors de Glénac, de Ruffiac, de Renac, de Pipriac et de Sourdéac.

Le papegault est en général *donné* par un valet de l'une des bonnes maisons des alentours.

Sa durée normale est au *maximum* de trois dimanches, mais elle peut être beaucoup moindre, et l'en a vu des papegaults gagnés en un quart d'heure.

C'est alors tant pis et grandement tant pis pour le valet de bonne maison, lequel a fait les frais des bans et ceux du prix, pour ne récolter que quelques sous en échange ; mais ce déboire est d'autant plus rare que le blanc est petit et la distance longue.

La plupart du temps, les trois dimanches y passent, surtout aux Fougerays, papegault modèle, où les règles du tir sont d'une sévérité extrême, et où le gagnant doit *bouter*

trois balles dans la maillette pour avoir le droit d'emporter le prix.

Un mois, quelquefois deux mois à l'avance, on annonce le papegault.

Au sortir du prône, le fossoyeur, qui est aussi crieur public d'ordinaire, monte les degrés de la croix du Calvaire et frappe un roulement tel quel sur un vieux tambour qui rend de très-drôles de sons.

Puis il ôte son chapeau de paille et dit d'une voix emphatique :

— C'est pour vous faire savoir à *trétous,* et faut le redire aux autres, que le *pâtgao* du bourg des Fougerays commencera le troisième dimanche après celui-ci, qu'est le premier dimanche qui suit la Pentecôte.

» On tirera de bonne foi et sans *meulette* (amulette) sous la chemise, jusqu'à ce qu'un quelqu'un ait *bouté* trois balles *en dret* (droit) sur le clou.

» Le gagnant aura une *épille* (épingle) d'argent, mirodée, qu'on n'a jamais vu sa pareille, une blague en cuir frisé, une jolie *jambette* (1) et un briquet qui ne peut pas toucher la pierre sans faire gros comme le doigt de feu.

» C'est M. Lapierre, domestique aux chiens de M. le vicomte, qui reste au château de ***, qu'a la bonté de donner tout cela.

» Il prend un sou par amateur, et on paye avant de tirer, comme de juste.

» Faudra aller au bourg des Fougerays, le troisième dimanche après celui du jour d'aujourd'hui, mes gars, vous et toutes vos *maisonnées,* faudra y aller. »

Point final et roulement.

Ceci remplace avantageusement, pour les paroisses limitrophes des Fougerays, les affiches et insertions dans les journaux, qui font connaître au public indifférent de Paris que, par un jeudi de pluie ou par un dimanche caniculaire, le sport national donnera représentation au Champ de Mars et fera montre non équivoque de ses sentiments passionnés pour la race chevaline.

Soyez sûr qu'aucun prix royal, si grands que soient pour tout gentleman de comptoir les attraits d'un souvenir gracieusement offert par la propre main de la liste civile, ne sera disputé aussi chaudement que l'*épille* mirodée du domestique aux chiens de M. le vicomte.

Plus d'un gars portera sa veste des bons jours percée au coude pendant six semaines, pour économiser la petite somme, l'*entrée,* comme jargonnent les *riders* de la Chaussée-d'Antin, qui doit lui permettre de mirer la maillette une douzaine de fois.

Le grand jour venu, vous ne reconnaîtrez point le paisible bourg des Fougerays.

C'est un bruit, un mouvement, un vacarme à réjouir le cœur d'un agonisant.

De toutes parts, la foule arrive.

Le *premier son* (2) de la messe tinte encore que l'église est déjà pleine.

Le cimetière s'emplit à son tour, et le chemin creux qui côtoie le cimetière, et les vergers qui se relèvent au delà du chemin creux.

Partout ce sont des têtes rases de bons gars, au front carré, aux pommettes anguleuses ; partout des coiffes blanches de femmes, savoir : les *catiolles* de l'Ille-et-Vilaine, larges, élégantes, et rappelant par leur forme gracieuse le double rouleau des saintes sœurs de nos hôpitaux ; les *poupettes* du Nantais, couvre-chef bâtard, moins riches que les catiolles et assez semblable au chapeau de nos élégantes, sauf la grâce, les plumes, les fleurs, etc., enfin les *pignons* du Morbihan, sorte de casque antique portant pointe au lieu de cimier, et qui ne va point mal aux vaillantes, robustes et bises beautés des campagnes vénètes.

Tout cela s'agite, murmure, ondoie, beaucoup plus qu'il ne serait besoin.

Ces bonnes gens, si pieusement attentifs d'habitude au saint sacrifice de la messe, ne peuvent aujourd'hui tenir en place.

Ils oublient de se signer à l'Évangile, de s'incliner à l'Élévation, de se frapper la poitrine à l'*Agnus Dei.*

A quoi pensent-ils ? qu'attendent-ils ?

A quoi ils pensent ? au papegault.

Ce qu'ils attendent ? Écoutez !

M. le recteur a prononcé l'*Ite missa est.*

---

(1) Eustache ou petit couteau qui pend sur la jambe.
(2) On sonne trois appels ou *sons* pour la grand'messe.

Voilà ce qu'ils attendaient.

Regardez plutôt.

Un tumulte prodigieux se fait.

On se pousse, on crie, on s'écrie : quel plaisir !

Une course fantastique commence.

Les gars enjambent les haies ni plus ni moins que s'ils étaient des Anglais, chevaux de naissance, et courant un *steeple-chase*.

Les filles, moins lestes, et affligées d'ailleurs de jupons en tiretaine du poids de plusieurs kilogrammes, sont forcées, à grand crève-cœur, de suivre les chemins battus.

Les petits enfants s'attachent à elles en criant.

Il n'y a pas jusqu'aux puissantes ménagères qui ne daignent accélérer, ce jour-là, le grave *andante* de leurs pas éléphantins.

Dans l'église, dans le cimetière, dans le chemin creux et dans les vergers, il n'y a plus une seule âme, et c'est à peine si M. le recteur peut amener son sacristain, par force ou par prière, à donner encore dix minutes aux soins de son emploi semi-clérical.

Nous n'affirmons point même que dans une demi-heure, M. le recteur ne montera pas sur le bidet du presbytère, afin d'encourager de sa personne les jeux de ses paroissiens.

Alors, ce sera fête complète.

Mais toute chose a un motif ou, pour parler logiquement, tout effet a une cause.

Pourquoi ce fiévreux empressement ?

La journée est longue ; on a le temps : le Morbihannais a-t-il donc du vif-argent dans les veines ?

Un jour de papegault, c'est possible.

Mais, outre cela, il y a un motif.

La course au clocher s'explique.

S'il y avait des rivières à traverser, nos gars les traverseraient, parce que le premier arrivé tire le premier : c'est la règle.

Les rangs s'obtiennent ainsi à la force du jarret.

Les boiteux ou les fainéants ont chance de ne point mirer le papegault.

M. Lapierre, le domestique aux chiens, est là, sur les lieux, impassible comme le destin.

Il y est venu le premier, afin de pouvoir juger les arrivées et distribuer les tours au fur et à mesure.

Auprès de lui sont trois ou quatre fusils de forme antédiluvienne (les plus mauvais fusils sont naturellement les meilleurs pour M. Lapierre) ; sous une petite tente, les munitions trouvent un abri.

A deux cents pas en avant, le but, orné de guirlandes et de drapeaux, qui ne sont point tricolores, s'adosse à une rampe calcaire, gigantesque muraille d'ardoises qui enlève jusqu'à la possibilité du danger.

Les spectateurs prennent place et se disposent à droite et à gauche, en éventail, de manière à figurer un V de taille tout à fait inusitée, même sur nos affiches de théâtre. Les pas sont comptés, les fusils sont chargés ; le bruit cesse ; on regarde.

Au milieu du groupe des tireurs, il y a un beau garçon bien découplé dont la veste de toile feutrée s'ajuste avec une sorte de coquetterie.

Son chapeau de paille est jeté de travers sur une chevelure biblique.

Il a un bouquet au côté, et son cou, bruni par le soleil, s'entoure d'une splendide cravate de cotonnade à fleurs.

Ce garçon se nomme Marie-Joseph.

C'est le plus fin *mireur* des Fougerays.

Sa cravate est un trophée ; l'épinglette à houppe de laine écarlate qui rattache les rudes plis de sa chemise est une autre conquête ; si l'on cherchait bien, on trouverait dans sa poche une *blague* (nous implorons la clémence du lecteur, à propos de ce mot odieux, mais impossible à remplacer), un chollet, un couteau, un chapelet, un briquet, tout un menu mobilier enfin, gagné à divers papegaults.

Après M. Lapierre, Marie-Joseph est évidemment ici le personnage important.

On l'entoure et plus d'un joueur donnerait la valeur d'une chopine pour le voir s'abstenir.

Et pourtant, Marie-Joseph n'a point cet air vainqueur et sûr de soi qui le distingue d'ordinaire.

Sa joue est pâle.

Son regard inquiet se tourne incessamment vers un groupe de jeunes filles dont les jupons du dimanche étalent au soleil leurs discordantes couleurs.

Voici pourquoi le regard de Marie-Joseph est inquiet.

Parmi les jeunes filles, la plus belle, qui a nom Marguerite

Renou, baisse ses grands yeux bleus sous cet incessant regard.

Il y a, comme bien vous pensez, une affaire d'amour là-dessous.

Marguerite et Marie-Joseph s'aiment.

Ils s'aiment beaucoup, et, s'il ne tenait qu'à eux, les fiançailles et peut-être la noce seraient faites depuis longtemps.

Malheureusement, il ne tient pas à eux.

Marie-Joseph est pauvre ; le père Renou a cinquante écus de rente, en beaux biens qui se touchent et ne font qu'un seul morceau.

Évidemment ce père a le droit d'être ambitieux pour son enfant.

Cinquante écus de rente forment une dot comme on en voit peu : Marguerite est une héritière.

M. Dorat l'a dit ou a dû le dire : il y a un Dieu pour les amants.

Il se trouve que le père de Marguerite est fanatique amateur de papegaults.

Il a gagné dans le temps plus de prix qu'il n'en faut pour illustrer une vie d'habitant des Fougerays.

Maintenant son bras tremble ; il ne mire plus, mais le souvenir de ses anciens exploits met en son cœur une tendresse instinctive pour quiconque manie le fusil d'une façon quelque peu héroïque.

Si pauvre que soit Marie-Joseph, le vieillard n'est pas éloigné d'abaisser jusqu'à lui ses cinquante écus de rente.

L'amour des deux jeunes gens ne fait rien à l'affaire, mais, du moins, ne gâte rien.

— Si Marie-Joseph gagne trois papegaults de suite, a dit une fois le bonhomme, je lui donnerai ma Marguerite, aussi vrai...

Marie-Joseph a pris acte du mot, Marguerite aussi.

Depuis lors, le bon gars a gagné deux papegaults de suite.

Celui-ci est le troisième.

Qu'on juge s'il doit avoir l'esprit tranquille.

Les premiers coups de fusil ont retenti.

Tous nos gars, on peut le dire sans exagération, tirent merveilleusement juste.

Ils n'ont qu'un seul défaut, celui de viser trop longtemps.

Leur passion d'atteindre le but qui, chez un Gascon ou un Italien, se traduirait par une précipitation fébrile, met dans leurs mouvements une lenteur systématique dont l'effet est de nuire souvent à la justesse du coup.

Tel paysan abaisse et relève son fusil jusqu'à dix fois avant de presser la détente.

Or, si robuste que soit un bras, il ne peut avoir l'inerte résistance du fer.

Les nerfs s'irritent ; les muscles se contractent ; la main tremble et la balle va se loger à un demi-pouce de la maillette.

Rien de fait !

Comme on voit, s'il s'agissait d'un homme, le coup serait *bon*.

Aussi, lorsqu'il y avait des réfractaires aux environs des Fougerays, les gendarmes de la Roche-Bernard, de Malestroit et de Cedon faisaient leur testament avant de s'aventurer sur la lande.

Sous l'Empire et dans les premières années du gouvernement de Juillet, on entendait parfois des coups de feu derrière les hauts ajoncs.

C'était en général un pauvre jeune gars, chassé à courre par une demi-douzaine de gendarmes.

Le gars court encore.

Nous souhaitons fort qu'il en soit de même des gendarmes.

Donc la joute a commencé.

On s'en aperçoit au visage de ce pauvre M. Lapierre, dont les traits n'ont point su conserver ce calme sévère qui leur allait si bien.

Ses yeux clignent ; un tic nerveux relève les coins de sa bouche ; et, chaque fois qu'un coup part, vous le croiriez percé d'outre en outre, tant est déplorable la grimace qu'il accomplit à ce moment.

Les gars bondissent en avant et s'élancent vers le but pour voir l'effet de la balle.

M. Lapierre voudrait bien les suivre, mais le *décorum* !

M. Lapierre se doit à lui-même et à sa position sociale de rester en place et d'attendre ; il attend, militairement appuyé sur un fusil ; ses doigts semblent vouloir s'incruster dans l'acier du canon.

Il faut le cri de désappointement du dernier tireur qui voit la maillette intacte, pour calmer la fièvre du domestique aux chiens.

En entendant ce cri, il respire longuement, à pleine poitrine, tend le fusil au nouveau concurrent, et hume une prise de tabac d'un air profondément satisfait.

Mais un autre coup part, et le courage de M. Lapierre aussi.

Sa détresse recommence.

Il n'a pas sur soi un seul fil qui ne soit trempé de sueur.

Cette succession rapide d'émotions épuisantes constitue, on le sait, le charme des jeux de hasard : M. Lapierre doit considérablement se divertir.

Ses émotions, en effet, vont toujours croissant, à mesure que la joute avance.

Voici Marie-Joseph qui a cloué deux fois la maillette au blanc, deux fois *en dret*, et sans la tordre.

Quand c'est au tour de Marie-Joseph, M. Lapierre trépasse.

Son malaise est si visible que l'assistance s'en aperçoit à la fin.

— Ah ! ben dam ! chuchotent les jeunes filles, le domestique aux chiens est plus laid encore le dimanche que les jours de tous les jours !

— Savoir ! répondent les gars, étonnés de cette proposition exorbitante.

— Gaussez-vous pas ! disent les ménagères, en forme de *quos ego* ; M. Lapierre est ce qu'il est.

Les jeunes filles sourient.

— Faut pas se fâcher, not' mère. Le domestique aux chiens a la venette... Tout le monde sont vilains quand il a peur... Je ne vous mens pas !

Un Morbihannais pur sang ne prononce pas trois mots sans protester deux fois de sa sincérité.

Marguerite, elle, ne dit rien.

Son âme a passé dans ses yeux.

Chaque fois que Marie-Joseph abaisse le canon de son fusil, la pauvre jeune fille tend le cou, et dit un *Ave* à Notre-Dame.

Marguerite a de longs cheveux blonds roulés sous sa coiffe de toile écrue, de grands yeux bleus bien tendres, une taille svelte et de petits pieds dans ses gros souliers.

Puisse Notre-Dame exaucer sa prière !

La question se complique.

Marie-Joseph a manqué plusieurs coups ; deux de ses concurrents l'ont rattrapé.

Le père Renou hoche sa tête grise d'un air mécontent ; Marguerite ne voit plus rien, ses yeux se voilent de larmes.

Marie-Joseph a la fièvre, et M. Lapierre, qui voit arriver trop tôt un dénoûment inévitable, n'a plus assez de son mouchoir pour tamponner son front baigné de sueur.

Coup de théâtre : Marguerite tombe, demi-pâmée, dans les bras de ses compagnes.

Marie-Joseph souffle dans le canon brûlant de son fusil et le caresse d'un air de complaisance.

Le père Renou bat des mains.

M. Lapierre se redresse, essuie une dernière fois son front et reprend la contenance calme et digne qui convient à un fonctionnaire de son importance.

Plus de traces de sa récente angoisse : son regard est désormais tranquille, son visage serein.

C'est que l'accusé le plus brave sent percer une sueur froide sous ses cheveux, tant que dure la délibération des juges.

Que vienne un verdict mortel, le brave se relèvera hautain et sans peur.

Le plus cruel entre les supplices, c'est l'incertitude.

Marie-Joseph a cloué la maillette pour la troisième fois, aux frénétiques applaudissements de la foule.

Le prix est gagné ; le procès est jugé ; M. Lapierre pousse un suprême soupir, prend son parti, et redevient le plus aimable de tous les domestiques aux chiens.

C'est lui-même qui, le sourire à la lèvre, décerne le prix ; il pousse la grandeur d'âme jusqu'à offrir une chopine au vainqueur, lequel n'a garde d'accepter, pressé qu'il est de rejoindre Marguerite, qui était pour lui le véritable prix du papegault.

Mais l'offre de M. Lapierre n'en est pas moins estimable, et s'il nous était donné de raconter cette anecdote dans Corn-Exchange ou à Maryborough, en présence de trois cent mille membres d'une société de tempérance, nous solliciterions formellement, de nos auditeurs bénévoles et œnophobes, trois salves d'applaudissements pour M. Lapierre et trente-trois grognements pour ses ennemis.

Cela ferait plaisir à ce domestique.

Quelquefois le papegault se termine d'une façon moins pacifique.

En cas de discussion, le bâton de cormier à massue peut être appelé à jouer un rôle fort important.

Mais la querelle ne peut durer. On casse une ou deux têtes, la moindre chose, et tout est dit.

Un jour, c'était vers la fin de l'an 1792, les gars arrivèrent au papegault des Fougerays avec leurs fusils en bandoulière, comme c'était la coutume alors que les campagnes bretonnes n'étaient point désarmées.

Le papegault était donné (donné dans le sens littéral), par M. de B..., gentilhomme du voisinage.

Au moment où les coups se succédaient, drus et serrés comme un feu de file, le bedeau de la paroisse arriva tout pâle et dit :

— Mes gars, les bleus sont au bourg. Ils ont mis le drapeau tricolore sur le clocher, et vont emmener M. le recteur pour le guillotiner à Nantes.

Celui qui était en train de *mirer* releva son fusil.

Quelques regards furent échangés.

On ne prononça pas une parole.

Une demi-heure après, une fusillade assourdissante tonnait dans l'unique rue des Fougerays.

Les bleus et les gars étaient en nombre égal ; on se battit jusqu'à la nuit.

On montre, dans le cimetière qui entoure l'église, un lieu où l'herbe monte plus forte et plus touffue.

Il n'y a point de tombe en cet endroit : mais, au centre, s'élève une croix sans inscription.

C'est là que reposent les bleus qui vinrent, en 1792, pour mettre un drapeau tricolore en haut du clocher de la paroisse et emmener M. le recteur à Nantes.

On ne dit point qui gagna, cette année, le papegault des Fougerays.

LA TOUR DU DIABLE

Ceci est une bien vieille histoire. Les bonnes gens la racontent le soir aux veillées, quand ils ne se souviennent point d'un conte meilleur. Les nourrices, dont les bras se lassent à force de bercer, s'en servent, en guise d'opium, pour endormir les petits enfants. C'est un rudiment de *nouvelle*, un récit comme on en pouvait faire, au fond des pauvres campagnes, cent ans avant que le *feuilleton* fût inventé.

Il était une fois un gentilhomme qui avait nom M. de Plougaz. Il était seigneur de Coquerel, Coatvizillirouët, Kerambardehzre et autres lieux. Son château de Coquerel était bien le plus beau qu'on pût voir à dix lieues à la ronde, et même plus loin. On en parlait en Bretagne, et aussi à Paris. Le roi disait souvent :

— Je voudrais bien voir le château de M. de Plougaz.

Mais le roi avait des occupations, et ce château était fort loin de chez lui, puisqu'il s'élevait sur une charmante petite colline, toute verte et toute fleurie, entre la ville de Dinan et le bourg de Bécherel. Ces deux causes réunies firent que le roi ne vint jamais au château de M. de Plougaz.

A défaut du roi, les visiteurs ne manquaient point. Le vieux Plougaz, hospitalier de sa nature, et tenant table bien servie, n'aimait pas à manger seul le poisson de ses étangs ou le gibier de son parc. C'était presque tous les jours fête nouvelle au château de Coquerel. On y buvait, on y riait, on y dansait; la grande porte restait toujours ouverte, et Plougaz se vantait de n'avoir jamais repoussé qu'un hôte dans sa vie.

Cet hôte était le chagrin.

Le maître de Plougaz n'avait point de famille. Sa femme, Nannon du Brec de Batz, était morte depuis tantôt dix ans, et son fils unique, Arthur de Plougaz, était on ne savait où, en Palestine peut-être, défunt ou captif des infidèles, ce qui était tout un. Le bon seigneur n'espérait point le revoir, et n'y pensait guère, il faut le dire; la chasse, la table le jeu, car il était beau joueur et joueur entêté, ne lui laissaient pas le loisir de s'occuper de semblables bagatelles.

Il n'avait pas non plus le temps de s'occuper de ses affaires. Maître Luc Morfil, son intendant, y songeait pour lui, et n'y épargnait point sa peine.

Ce maître Luc était un petit homme, Normand de naissance, qui souriait toujours, et plaisait à chacun pour sa mine simple et débonnaire. Il pouvait avoir quarante ans passés. Tout autour de ses petits yeux gris, sa gaieté habituelle avait creusé une multitude de rides ténues qui convergeaient au coin de sa paupière, et s'en allaient ensuite, sur la tempe et la joue, former ce joyeux éventail que l'usage a baptisé *patte d'oie*. Ses pommettes étaient roses et saillantes; mais l'embonpoint avait fait disparaître tout ce que cette saillie pouvait avoir d'anguleux et de heurté : sa joue tombait lisse et molle en ses contours, de manière à rejoindre fort harmonieusement le double bourrelet de son menton. Son nez court et recourbé semblait n'avoir été qu'ébauché par la main du Créateur. Ses narines, en effet, surabondamment échancrées, laissaient descendre solitairement le cartilage intérieur, qui formait un angle obtus avec la lèvre supérieure, et semblait faire effort pour diminuer, autant qu'il était en lui, l'énorme distance qui séparait ces deux traits, voisins et amis d'ordinaire, le nez et la bouche. Sa bouche était toute normande : mince, plate et blanche; mais une ride circulaire, second résultat de l'heureuse gaieté de maître Luc, corrigeait ce léger défaut de forme, et donnait au bas de sa figure l'expression la plus attrayante.

Tel était, au physique, l'intendant de M. de Plougaz. Au moral, c'était le meilleur cœur du monde; promettant sans cesse et ne tenant jamais; offrant ses services à chacun, suppliant les gens d'avoir recours à sa bourse, mais se réservant la faculté d'éconduire ceux qui, par hasard, cédaient à ses instances; menteur comme un païen, peureux plus qu'un lièvre, et larron jusqu'au bout des ongles.

Aussi, après le jeu, la table et la chasse, ce que M. de Plougaz aimait le plus ici-bas, était son château de Coquerel. Après le château, c'était maître Luc Morfil, son intendant.

— Maître Luc, disait le vieux seigneur, est la perle des intendants. Il m'a dit, une fois pour toutes, que j'excède chaque année mon revenu de vingt mille livres environ. A la Pentecôte, il me fait signer la vente d'un fief ou d'une futaie... c'est convenu... je signe et ne lis point... Un autre me rabattrait les oreilles de doléances fâcheuses; il me dirait dix fois par jour que je me ruine... maître Luc me ruine et ne me le dit pas, ce qui est un notable avantage.

Comme on voit, M. de Plougaz était un vieillard de bon sens.

Outre le châtelain, maître Luc et une armée de valets, il y avait au manoir un autre habitant de quelque importance. Ce dernier, qui se nommait Pluto, était un vieux chien-loup de taille gigantesque, dont l'intendant avait fait son hôte et son commensal. Contre l'ordinaire des chiens, Pluto ne se montrait point reconnaissant envers son bienfaiteur. Il grognait sourdement chaque fois que l'intendant passait la main sur sa rude fourrure, et ses larges yeux flamboyaient alors d'une terrible façon. A cause de cela, maître Luc l'aimait et se disait :

— Cet animal a du bon. Mieux je le traite, plus il me hait; ainsi fais-je à l'égard de M. de Plougaz : nous nous ressemblons, Pluto et moi.

Maître Luc se trompait, et faisait grande injure à Pluto. Pluto n'était point un ingrat; c'était tout simplement un chien dégoûté du monde, et que la douleur avait fait misanthrope. Pluto, aux jours de son adolescence, avait été un chien digne d'envie. En ce temps, son maître, le jeune M. Arthur de Plougaz, le menait faire de longues promenades sur les hautes collines de Bécherel, ou du côté de Dinan, le long des rives enchantées de la Rance. Pluto était alors sans soucis; il courait joyeux par les chaumes, et bondissait follement pour saisir au vol les alouettes; il chassait les lapins dans le taillis, et soutenait contre les blaireaux de longs et acharnés combats. C'était l'âge d'or : Pluto avait deux ans.

Pendant qu'il s'ébattait ainsi, son maître lâchait la bride à son cheval et allait au hasard. Arthur était un vaillant et robuste jeune homme : à vingt ans, il avait déjà gagné de l'honneur dans plus d'une passe-d'armes, et les nobles dames admiraient fort sa galante tournure, quand il faisait caracoler son cheval sous leurs massifs balcons de granit. Arthur était beau, noble et riche; il était l'héritier unique de Coquerel et de Coatvizillirouët aussi, et encore de Kerambardehzre, sans parler des autres fiefs de M. de Plougaz. Pourtant il semblait triste; on ne voyait point souvent sa lèvre sourire, et son grand œil noir s'entourait d'un large cercle bleuâtre, qu'on eût dit creusé par des larmes.

Il allait, solitaire et pensif, sur les coteaux boisés de Bécherel ou sur les blanches grèves de la Rance; il allait, la tête basse et le corps affaissé. Pluto avait beau aboyer ou bondir, Arthur ne le voyait point, perdu qu'il était dans sa rêverie. A quoi rêvait-il ainsi? Nul ne le savait.

Quelques-uns disaient qu'il avait dérangé le sabbat des *chats-courtauds* (1) sur la lande d'Evran, et que ces malins

(1) Ce sont des chats de taille extraordinaire qui tiennent conseil, vers minuit, sur les *échaliers* de la haute Bretagne. Ils sont fort mé-

démons lui avaient percé le cœur d'un coup d'aiguille. D'autres prétendaient qu'il avait tordu à rebours le linge diabolique des *laveuses de nuit* (2). D'autres enfin avançaient que l'esprit du mal en personne le suivait partout et toujours sous la forme de son chien-loup Pluto.

Quoi qu'il en fût, le jeune M. de Plougaz devenait tous les jours de plus en plus mélancolique.

Un matin, il fit seller son meilleur cheval et vint vers son père.

— Monsieur, dit-il, je veux aller faire la guerre aux Sarrasins.

Le vieux Plougaz trouva l'idée fort simple, et répondit :

— Va trouver maître Luc et demande-lui quinze cents livres... Je te donne ma bénédiction.

Maître Luc compta les cinq cents écus, et les remit à Arthur.

— Monseigneur, dit-il la larme à l'œil, vous allez donc nous quitter ?

— Il le faut, répondit Arthur d'une voix sombre.

— Et s'il m'est permis de vous faire une question, pourquoi cela, mon bon seigneur ?

— Parce que... cela est étrange, mais vrai... chaque nuit une voix terrible éclate à mon chevet et me commande d'aller combattre les Sarrasins.

— Ah bah ! dit l'intendant d'un air incrédule.

— J'ai désobéi trop longtemps... aujourd'hui je pars.

Maître Luc sourit dans sa barbe et appela les bénédictions du ciel sur son jeune seigneur.

---

chants, et n'aiment point à être dérangés. Quand un intrus trouble leurs graves entretiens, il l'entourent et lui font subir mille avanies. Ensuite le président du conseil se munit d'une longue aiguille et l'enfonce dans le cœur du patient, qui devient hypocondriaque et dépérit lentement.

(2) Démons femelles qui blanchissent, au clair de lune, le suaire des morts. Quand un voyageur attardé passe à leur portée, elles le saisissent, et le contraignent à tordre leur linge avec elles. Ce n'est point là chose facile ; les laveuses, en effet, ont une façon de s'y prendre qui allonge indéfiniment la besogne. A mesure que le malheureux s'épuise à tordre en un sens quelconque, elles détordent avec une merveilleuse promptitude, et sans se lasser le moins du monde. Le voyageur cependant sue sang et eau, le tout en vain ; pour le consoler, celles des laveuses qui ne fonctionnent pas se prennent à chanter une bizarre et sauvage chanson, en patois breton-français : deux couplets de ce chant étrange nous restent en mémoire. Nous les traduisons :

> Tords la guenille, tords
> Le suaire
> Des épouses des morts.
> Tords, toujours ! l'ossuaire
> A mis de la poussière
> A nos robes de deuil ;
> Or, Satan veut ses filles
> Proprettes et gentilles
> Aux planches du cercueil.
> Tords la guenille, tords
> Le suaire
> Des épouses des morts !
> Tords ! la fontaine est claire,
> Et coule, solitaire,
> Sur le luisant caillou.
> Tords ! allons ! tords plus vite !
> La nuit marche et nous quitte.
> Tords ! nous tordons ton cou !

Après cette promesse flatteuse, les lutins se prennent par la main, et commencent, toujours chantant, une ronde infernale. Le malheureux tord toujours. Autour de lui, la danse diabolique tourne avec une prestigieuse rapidité. Bientôt il tombe épuisé ; ses yeux éblouis se ferment ; son gosier trouve à peine une parole pour recommander son âme à Dieu !

S'il a la force de faire le signe de la croix, les démons s'évanouissent. S'il ne peut, les laveuses, cessent subitement leurs danses et se mettent à le fouetter avec leur linge tordu.

On entend au loin le bruit de ces verges humides frappant contre la chair. Les paysans écoutent, effrayés, et se coulent sous leurs couvertures.

Le lendemain, au bord de la mare, on trouve un pauvre malheureux perclus et meurtri. Les laveuses sont retournées dans la tombe, pour recommencer la nuit suivante, s'il fait clair de lune, leur funèbre besogne. Dieu vous garde de leur rencontre, quand vous cheminerez, de nuit, par les routes solitaires de la Bretagne !

Quand Arthur fut parti, maître Luc se frotta les mains.

— Les infidèles, grommela-t-il, ont, dit-on, de bons bras et d'excellents cimeterres : notre jeune seigneur laissera ses os en Judée, et moi, j'aurai le joli château de Coquerel.

A ce dernier mot, ses yeux gris brillèrent d'un subit éclat.

— Le château de Coquerel ! répéta-t-il en caressant son menton ; le château de Coquerel... — Cela vaut bien la peine de m'être levé toutes les nuits depuis six mois pour jouer le rôle de fantôme et ordonner à ce jeune fou d'aller se faire tuer en Palestine !... Luc Morfil maître de Coquerel... eh ! eh !

Comme Arthur passait le seuil de la cour du château, un hurlement plaintif de Pluto lui fit tourner la tête. Pluto était attaché.

— Adieu, toi aussi, pauvre Pluto, murmura Arthur. La route est trop longue pour que je t'emmène avec moi.

Il piqua des deux, et son bon cheval partit au galop.

Pluto se rua et tira sa chaîne de toutes ses forces ; il essaya de la broyer avec ses dents. Quand son cou se fut ensanglanté à force de tirer, quand ses dents, brisées, tombèrent de sa gueule, il se coucha et pleura silencieusement. Depuis, on ne le vit plus bondir après les alouettes ni courir joyeusement sur la lande. Il devint morne et grondeur. Les valets de M. de Plougaz lui auraient certes fait un mauvais parti s'ils n'eussent eu peur du rouge rayon que lançait parfois son œil irrité.

Il y avait douze ans qu'Arthur était parti : Pluto restait triste. Il avait aimé son jeune maître, et il demeurait fidèle à la mémoire d'Arthur.

Pendant ces douze années, maître Luc avait rempli comme il faut son devoir d'intendant. Jamais M. de Plougaz n'avait trouvé ses coffres vides. Seulement, de temps à autre, un domaine tenu par ses ancêtres était tombé en mains étrangères, si bien qu'il ne possédait plus de fait que les trois fiefs dont il portait le nom.

— Lequel préférez-vous vendre, de Coatvizillirouët, Kerambardchzre et Coquerel ? demanda une fois l'intendant.

Plougaz pâlit.

— En sommes-nous là déjà ? murmura-t-il.

Mais il se remit aussitôt et ajouta gaiement :

— A quoi bon trois châteaux, maître Luc ? vends Coatvizillirouët... Ce manoir a un nom ridicule... Je n'en veux plus.

Le manoir fut vendu ; maître Luc fit, suivant sa coutume, deux parts égales du prix. Il mit l'une dans les coffres de son seigneur, et l'autre dans une vieille armoire de fer où il accumulait le fruit de ses malversations. Quand il eut bien et longtemps contemplé le monceau d'or qui faisait gémir les rayons de la vieille armoire, il prit ses registres de comptes et se perdit dans de longs calculs.

La nuit le surprit tandis qu'il se livrait à cette occupation. Il mit la main sur son registre, dont il ne pouvait plus distinguer les caractères, et tomba dans une profonde rêverie.

— Coquerel ! murmura-t-il, mon beau Coquerel ! mon joli château !... Quand donc serai-je maître de Coquerel ?... Plougaz se ruine, c'est vrai ; mais je me fais vieux, moi... si j'allais mourir avant de posséder Coquerel !

A cette pensée, une ride profonde se creusa sur le front de l'intendant, sa physionomie changea subitement d'aspect, et exprima un désir passionné, soutenu par une indomptable détermination.

— Je l'aurai, reprit-il en s'animant ; oh ! je l'aurai ! je n'ai pas passé trente ans de ma vie à me repaître de ce rêve pour le voir fuir devant moi sans cesse comme une vaine illusion. Je l'aurai, dussé-je y perdre mon âme.

Ceci était une exclamation de Normand, car l'âme de maître Luc était vendue et payée depuis longtemps. Néanmoins, il tressaillit en prononçant ces derniers mots. L'obscurité qui l'entourait lui fit peur, et il chercha sa lampe à tâtons.

Il y avait tempête au dehors. Le vent criait dans les grands chênes de la forêt de Coquerel et secouait violemment les forts châssis des fenêtres.

— Mon âme ! grommela maître Luc en battant le briquet ; après tout, je suis bon chrétien, et le diable n'a rien à y voir.

La lampe s'alluma et maître Luc perdit sa terreur.

— Hé, hé ! dit-il en ricanant, pour quelques écus que j'ai mis de côté, ne faudrait-il pas me croire damné à tout jamais ? Quant au jeune Arthur, que j'ai envoyé mourir outremer...

Il n'acheva pas. Au nom d'Arthur, Pluto, qui était couché près du foyer, se dressa sur ses quatre pattes, tendit le cou et regarda fixement maître Luc, puis il fit entendre un long et plaintif hurlement.

— Sans doute, sans doute, mon garçon, dit l'intendant. Tu en sais plus long que bien des hommes, et si ta langue pouvait parler, je ne donnerais pas six deniers de mon cou… Mais tu es muet, mon ami; ce n'est pas toi qui diras que la voix mystérieuse dont les conseils ont poussé le jeune sot à fuir la maison paternelle, était la voix de l'honnête Luc Morfil ; ce n'est pas toi qui raconteras mes innocentes fredaines. Tu m'as vu mettre dans mon armoire tout l'argent que le vieux Plougaz destinait à son fils; mais tu seras discret, Pluto, discret comme la tombe où repose en paix le jeune M. Arthur.

Pluto poussa un second hurlement, lugubre, prolongé, menaçant; puis, baissant la tête comme s'il eût reconnu son impuissance, il se recoucha près du foyer éteint.

II. — LA TOUR DU DIABLE.

Maître Luc Morfil était assis dans son réduit. Le vieux Pluto dormait les pattes dans les cendres.

Tantôt l'intendant prêtait l'oreille aux sifflements de la tempête; tantôt il donnait exclusivement son âme à ses rêves ambitieux, et calculait combien de mois, combien d'années, il lui faudrait attendre la possession de Coquerel.

Il aimait Coquerel d'amour tendre et sincère. Il n'aimait, en ce monde, que Coquerel.

Il faut dire aussi que le joli château était bien fait pour inspirer une passion. C'était un manoir modèle, entre deux ailes de style saxon; son corps de logis, coquettement coiffé d'un petit beffroi à jour, s'élevait, gris de vieillesse, mais sans rides ni lézardes, comme un chevalier de grand âge qui porte encore gaillardement son armure. Aux quatre coins, quatre tourjons, percés d'étroites meurtrières, surmontaient la haute charpente et dressaient symétriquement leurs toitures pointues. Trois cent soixante-cinq fenêtres s'ouvraient sur la façade principale, ce qui donne à penser que, de nos jours, Coquerel eût été d'un très-bon revenu pour le fisc. Au-dessus de la maîtresse porte, deux archanges armés en guerre soutenaient l'écusson de Plougaz, qui était de gueules, à sept croissants d'argent, en orle, et portait, — sur le tout, — le lion d'or passant de Plougastel, dont Plougaz se prétendait issu.

L'intérieur répondait au frontispice. Ce n'étaient partout que splendides tentures de fine laine ou de soie. Les dalles de pierre disparaissaient sous d'épais tapis, formés de fourrures. Les lambris de chêne noir sculpté brillaient tout autant que le granit poli des immenses cheminées. Et quand, un soir de fête, lustres et girandoles s'allumaient; quand un incendie, alimenté par sept ou huit troncs d'arbres, brûlait dans la vaste concavité de l'âtre; quand la table gémissait sous le poids des mets; quand une foule dorée emplissait les nobles salons, quand les coupes d'or se choquaient bruyamment au dernier acte d'un festin, — par saint Malo! c'était plaisir de voir la vieille demeure étinceler et resplendir. Pas un recoin qui restât obscur, pas une voûte qui n'éveillât ses sonores échos pour mêler des notes joyeuses au joyeux fracas de la fête.

Oh! nous vous disons vrai. Si Plougaz était le parangon des hôtes, Coquerel était le roi des châteaux.

Et maître Luc, caché en quelque coin solitaire, contemplait tristement toute cette joie. C'était pour un autre que Coquerel déployait toute sa beauté. Maître Luc était jaloux, jaloux comme le vassal qui porte un œil audacieux sur une noble dame, et pâlit de rage en la voyant sourire à son seigneur.

— Quand donc, se disait-il alors, quand donc serai-je maître de Coquerel?

Ce soir dont nous parlons, il se faisait, pour la millième fois peut-être, cette question, et sa réponse n'était rien moins que satisfaisante, au gré de son impatience. M. de Plougaz, en effet, réduit à ses trois fiefs principaux, ne pouvait pas ne point se ruiner; mais l'un des trois fiefs vendu, le prix restait à dissiper, et ce prix semblait à maître Luc un trésor inépuisable. Et encore, une fois la somme dissipée, le tour de Coquerel n'arriverait certes point. Kerambardehzre était là avec ses immenses futaies et ses champs fertiles.

C'étaient des années qu'il faudrait encore attendre!

Or, attendre est un cruel martyre pour une imagination active comme était celle de maître Luc.

Moitié pour se distraire de ses sombres pensées, moitié pour se donner un avant-goût des jouissances du propriétaire, l'intendant plongea ses deux mains dans un coffre poudreux qui servait de chartrier aux seigneurs de Plougaz, depuis l'invasion des Saxons en Bretagne, et les retira pleines de parchemins manuscrits. Au milieu de ces vénérables grimoires, dont l'aspect eût fait rugir de joie un de nos archéologues

modernes, il prit au hasard un rouleau de parchemin qu'il déploya lentement et avec distraction.

Ce parchemin était couvert d'écriture en langue bretonne, et portait à son extrémité supérieure ce titre, fait pour exciter la curiosité du futur maître de Coquerel.

« Comment la tour septentrionale du joli château des seigneurs de Plougaz fut appelée la tour du Diable. »

— La tour du Diable! répéta Luc Morfil. En effet, les plus vieux parmi les valets de Coquerel donnent encore ce nom à la tour du nord.

Il se mit à lire avidement.

Le manuscrit racontait comme quoi, quelque quatre-vingts ans auparavant, le diable avait pris possession de la tour septentrionale et y avait établi une sorte de pied-à-terre. Le malin avait joué là quantité de méchants tours, si bien que le maître de Coquerel avait été obligé de déserter son manoir pour aller prendre domicile à Kerambardehzre. Quand le maître fut parti, Satan fit trêve; mais chaque fois qu'on revenait à Coquerel, Satan recommençait ses fredaines. — Cela dura tant que vécut Simon Troarec, l'intendant de M. de Plougaz.

Maître Luc s'arrêta sur ce passage et se prit à rêver profondément.

Au bout d'une grande demi-heure, il releva la tête et dit :

— Cela dura tant que vécut Simon Troarec, intendant de M. de Plougaz !

Puis il reprit sa lecture.

Après la mort de Simon Troarec, les apparitions et diableries cessèrent. On fit purifier, en grande cérémonie, les chambres où Satan avait mené le sabbat, et tout rentra dans l'ordre. En mémoire de ce fait, la tour où se trouvaient ces chambres fut nommée la tour du Diable.

Maître Luc roula le parchemin et le rejeta dans le coffre.

— Ah ! ah ! dit-il, la tour du Diable !… Cela dura tant que vécut Simon Troarec, intendant de M. de Plougaz !… ha ! ha !

Cette seconde exclamation fut prononcée de ce ton équivoque que les observateurs regardent comme un dianostic certain d'enfantement intellectuel. Par le fait, maître Luc ajouta presque aussitôt :

— Eh bien! voilà une merveilleuse histoire ! Ce Simon Troarec était certes un garçon d'esprit. Allons! avant trois mois, je serai maître du joli château de Coquerel.

Ce disant, et après s'être amplement frotté les mains, il saisit sa lampe et prit, au travers des longs corridors, le chemin de la tour du Diable. Pluto se leva et le suivit doucement.

Maître Luc marchait d'un pas leste et joyeux. Il ne prenait pas garde aux brusques rafales qui venaient frapper les fenêtres. Sa ronde figure exprimait le contentement le plus parfait, et ses petits yeux gris brillaient et clignotaient comme les yeux d'un chat qu'on caresse. Arrivé au bout de la principale galerie, il fit tourner une lourde clef dans la serrure rebelle de la tour du Nord et entra.

La première pièce qu'il traversa avait le même aspect que les autres chambres du château; elle servait journellement de retraite à quelque hôte de M. de Plougaz. La seconde présentait une physionomie plus triste : elle n'était guère habitée que lorsqu'il y avait trop-plein au château, le soir d'une grande fête. La troisième était poudreuse, sombre, lugubre. Maître Luc eut toutes les peines du monde à pousser le pêne de sa serrure hors d'usage. Quand il entra enfin, il ne put se défendre d'un serrement de cœur.

Cette pièce, abandonnée depuis douze ans, avait servi de chambre à coucher au jeune M. Arthur. La tapisserie humide tombait en lambeaux. Le vent pénétrait en sifflant à travers les carreaux brisés des croisées.

Pluto, qui était entré derrière l'intendant, ouvrit ses larges naseaux et sembla respirer avec délices une atmosphère connue. Il fit, à plusieurs reprises, le tour des murailles, en s'arrêtant chaque fois devant le lit vide.

— Ce sera un rude métier, grommela maître Luc, dont le front s'était considérablement rembruni; cette chambre ne me plaît pas, et je suis sûr que j'y verrai plus d'une fois le fantôme de ce jeune fou d'Arthur.

Pluto s'arrêta dans sa ronde et poussa un long hurlement.

— Tien! tu es là, toi? reprit l'intendant.

Et, comme si la compagnie du chien eût modéré sa vague terreur, il ajouta d'un ton de fanfaronnade :

— S'il vient, nous le recevrons… et, comme il ne viendra pas, nous enverrons monsieur son père le rejoindre… N'est-ce pas, Pluto?

Pluto, suivant son habitude, répondit à cette amicale interpellation en montrant deux rangées de dents blanches, longues, aiguës, qui eussent fait honneur à un loup dans la force de l'âge.

— Bien, mon garçon, bien! reprit maître Luc; je connais ton râtelier. Mais, au rebours des bonnes gens de mon pays, qui mordent avant de menacer, toi, tu menaces et ne sais point mordre.

Pluto sembla reconnaître la vérité de ce reproche, et baissa la tête en grondant.

Maître Luc commença alors un examen détaillé des trois pièces qu'il venait de parcourir. La chambre du jeune Plougaz était une pièce de moyenne taille et de forme presque circulaire, qui composait, elle seule, le premier étage de la tour du Nord ou du Diable. Elle n'avait qu'une entrée apparente; mais, tout près du lit abandonné d'Arthur, un escalier secret, dont aucun habitant de Coquerel n'avait connaissance, communiquait avec les cours du château. Maître Luc fit jouer la porte masquée, et versa un peu d'huile de sa lampe sur ses gonds.

— C'est bien cela! murmura-t-il; voici la porte dont parle la légende. C'est par là que s'introduisait maître Simon Troarec, mon prédécesseur... Il paraît que les Plougaz ont toujours eu la main heureuse, quant au choix de leurs intendants... Silence, Pluto!... hé! hé! les Plougaz ne s'attachent que des gens d'esprit : maître Luc vaut maître Simon, et il n'a pas eu besoin de grimoire pour deviner ce gentil escalier... C'est par là aussi que s'introduisait maître Luc; seulement, au lieu de jouer le rôle de Satan, nous avions choisi celui d'un ange : nous prêchions la croisade... hé! hé!... Ce n'est pas à dire que nous méprisions le rôle du diable; au contraire... Paix, Pluto! Après avoir été ange, nous serons démon... c'est l'histoire du roi des enfers... et j'espère bien que le diable réussira près du vieux Plougaz comme l'ange a réussi près de M. Arthur.

Pendant ce long monologue, que maître Luc prononçait à demi-voix, tout en faisant jouer les gonds de la porte masquée, Pluto le dévorait du regard et grondait sourdement. Au nom d'Arthur, il allongea pour la troisième fois le cou, et modula un hurlement plaintif et prolongé. En même temps, la tempête, qui grandissait au dehors, envoya une puissante rafale qui, entrant à la fois par la porte et les fenêtres dégradées, éteignit la lampe de l'intendant et remplit la chambre de débris.

Un silence profond succéda à cet éclat de la tourmente. Pluto se tut. Maître Luc, effrayé, tâtonnait dans l'obscurité. Tout à coup sa main rencontra dans l'obscurité la tête velue de son chien, dont les poils se hérissèrent à ce contact. Il leva les yeux et vit ceux de Pluto, ronds et démesurément ouverts, briller dans l'ombre comme deux charbons ardents.

— Sainte Vierge! murmura-t-il en essayant instinctivement un signe de croix.

Un éclair lui montra la porte, il se hâta de regagner le corridor.

Quelques jours après, les valets de Coquerel étaient rassemblés dans l'immense cuisine du château. C'était le soir; on faisait veillée.

Sous le manteau de la cheminée, assise sur un banc noirci par la fumée, et tournant machinalement le manche d'un rouet, se tenait une femme arrivée aux plus extrêmes limites de la vieillesse; c'était Anne Parker, qui avait nourri de son lait M. de Plougaz.

Anne avait bien cent ans. Ses yeux éteints ne voyaient rien, sinon les choses de l'avenir. Son visage long, osseux, diapré d'innombrables rides, semblait un masque de parchemin racorni par le feu. Ses lèvres remuaient sans cesse, mais ne prononçaient aucun son. Sa main tourmentait continuellement le manche de son rouet, où il n'y avait plus de chanvre. Auprès d'elle un large espace restait vide. On la disait sorcière, et on avait peur.

De l'autre côté de la cheminée, Pluto, somnolent et engourdi, chauffait ses pattes et rêvait qu'il chassait dans les chaumes.

Puis venaient tous les serviteurs de Plougaz. Le cercle était nombreux. Il y avait Alanic, le pâtour (berger); Corentin, le petit gardeur d'oies; le gros Michel, qui engraissait les bœufs; Yaumi, le tondeur de landes, et Francin, le maître du pressoir. Il y avait aussi les valets des chiens et ceux des chevaux, les piqueurs, les marmitons, les jardiniers et les laboureurs. Quant aux gens de guerre, ils étaient dans leur salle d'armes ou corps de garde qui touchait au vestibule.

Nous allions oublier dame Marthe, la femme de charge, et les filles de basse-cour.

Toute cette population subalterne était éclairée seulement par deux chandelles de résine que soutenaient deux bâtons fendus, fichés dans la maçonnerie de l'âtre.

D'ordinaire la veillée était bruyante et joyeuse au château de Coquerel. On avait de grosses châtaignes à cuire sous la cendre et d'énormes *pichets* pleins de cidre mousseux, auxquels chacun pouvait donner, à son tour, de sérieuses accolades. Aussi était-ce plaisir de voir les jeunes gens rire, et les vieux babiller à la lueur des résines crépitantes. Mais, ce soir-là, l'assemblée était triste et silencieuse. Nul ne songeait à retirer les marrons qui brûlaient; les pichets restaient pleins, leur mousse s'évaporait sans que personne y mouillât ses lèvres.

Qu'y avait-il de nouveau au château de Coquerel?

Ce qu'il y avait? — Hélas Dieu! c'est terrible à dire, et le frisson nous vient, rien que d'y penser.

Il y avait que M. de Plougaz ne savait plus à quel saint se vouer. Il y avait que ses valets et ses serviteurs maigrissaient à vue d'œil. Il y avait que tout était désolation et désespoir.

Coquerel était une *maison hantée!*

Il *y revenait.* — L'esprit du mal y faisait des siennes, et, depuis huit jours, le sommeil n'avait point fermé les yeux des commensaux de M. de Plougaz.

Voilà ce qu'il y avait de nouveau au château de Coquerel.

La veillée se poursuivait en silence depuis quelque temps déjà, lorsque le beffroi sonna huit heures. Chacun tressaillit, puis chacun se remit. Alanic avança timidement l'index et retira du feu un marron cuit à point, qu'il grignotta avec un plaisir évident. Enhardi par son exemple, Corentin, le pasteur des oies, mit la main à l'œuvre et fouilla les cendres. Le gros Michel, tout en poussant un mélancolique soupir, souleva lentement un pichet et but à la santé de Yaumi, qui ne put se dispenser de lui rendre la pareille. Alors, Francin prit le courage de se moucher, — d'une façon que nous n'osons pas dire, mais que nous déclarons simple, primitive et commode pour les gens privés du mouchoir; — un des valets de chiens toussa; Pluto bâilla, et dame Marthe éternua en fausset. La glace était rompue.

Les escabelles se rapprochèrent. Yaumi passa le pichet à son voisin, et la liqueur mousseuse fit le tour du cercle.

— Il est bon, dit Michel, il est bon et fort en cidre... mais qui sait combien de temps encore nous en boirons sous la cheminée de Coquerel?...

— Qui sait, reprit Francin, le maître du pressoir; qui sait si les pommes de monseigneur seront pilées par moi l'an prochain?

— Hélas Dieu! hélas Dieu! dit en chœur l'assemblée.

— C'est que, voyez-vous, mes garçons, dit Michel d'un ton doctoral, il n'y a point de remède à cela. Une maison hantée est une maison perdue.., mieux vaudrait la peste !

— C'est la vérité, répliqua Francin, c'est la pure vérité.

— Si seulement M. de Plougaz avait remplacé feu dom Maurice, le chapelain du château!... mais non.

— Mais non! dit Mais nou!

Le pichet fit une seconde tournée, et les voix prirent un timbre moins lamentable.

— Pour ça, maître Francin, dit Alanic, vous n'avez jamais cuvé de meilleur cidre!

— Il est bon... bon et fort en cidre... ça c'est vrai... mais qu'avez-vous entendu la nuit dernière, vous autres?

Cette question assombrit tous les visages.

Dame Marthe, en sa qualité de femme, retrouva sa langue la première.

— J'ai entendu des chaînes bruire dans la tour du... du Nord, dit-elle; j'ai ouï d'étranges gémissements dans l'air, et j'ai glissé ma tête sous ma couverture.

— C'était prudemment fait, dame.

— A minuit, le fracas a redoublé. J'ai cru que le château allait s'abîmer. Je me suis évanouie.

— Comme c'est commode de pouvoir s'évanouir quand on a grand'peur! dit le petit gardeur d'oies... Moi, j'ai vu les meurtrières de la tour du Diable...

— Silence, malheureux! cria l'assemblée.

— C'est juste! Je voulais dire la tour du Nord... Les meurtrières, donc, brillaient d'une lueur rougeâtre, et la chambre de défunt le jeune M. Arthur...

Cette fois, ce fut Pluto qui interrompit en poussant un plaintif hurlement que nous connaissons.

— Eh bien! qu'y avait-il dans la chambre? demanda Yaumi.

— Je ne sais pas; mais elle était éclairée comme il faut, pour sûr!

— C'est étrange! murmura dame Marthe.

Puis elle ajouta, en secouant la tête :

— Il y a ici quelqu'un qui pourrait nous en dire bien long là-dessus!

— Qui donc? qui donc? demanda-t-on de toutes parts.

— La vieille Anne Parker, répondit Marthe.

Peu s'en fallut qu'on n'éclatât de rire, tant cette supposition sembla plaisante.

— La vieille Anne! répéta Francin; il y a tantôt quinze ans qu'elle n'a prononcé une parole.

Celle dont il était question restait dans son coin impassible et inerte; elle ne paraissait point entendre. Ses mains tournaient toujours son rouet comme pour filer un chanvre imaginaire. Ses lèvres remuaient lentement et en silence.

— Elle a vu d'étranges choses autrefois, reprit Marthe.

— Elle ne s'en souvient plus.

— Peut-être... en tous cas, elle ne saurait nous les dire, puisque l'âge l'a rendue muette.

— Muette et sourde. C'est un cadavre vivant.

C'était Michel qui avait parlé le dernier. La vieille nourrice de Plougaz, tournant avec lenteur son cou décharné, fixa sur lui ses yeux ternes et privés de pensée.

— Quelqu'un de vous, dit-elle d'une voix chevrotante, connaît-il maître Simon Troarec, le bel intendant de Plougaz?

Si Pluto lui-même eût pris la parole, l'assemblée n'aurait point éprouvé un étonnement plus profond. Chacun avait à peu près oublié le son de la voix d'Anne Parker, et cette question, étrange par elle-même, plus étrange par la bouche qui la proférait, fit courir un frémissement de frayeur de proche en proche.

— Elle a retrouvé la parole! murmura dame Marthe; que va-t-elle dire?

Chacun ouvrit les yeux et les oreilles; mais Anne Parker reprit bientôt sa position première et se remit à filer sa quenouille absente en remuant silencieusement ses lèvres, comme elle faisait depuis plus de vingt ans.

II — MAITRE ROCH REQUIN.

Les serviteurs de Plougaz restèrent quelque temps muets de surprise; mais, enfin, comme on est à la veillée pour causer, ils reprirent leur conversation interrompue.

— Je suis prêt à parier que c'est la dernière fois que la vieille Anne parle en ce monde, dit Michel.

— Moi, je prie Dieu que ce ne soit point un présage de malheur, répondit dame Marthe... Mais, que pouvons-nous craindre, après tout? Le malheur n'est-il pas arrivé?

— Le fait est que le bon temps est passé; Plougaz est devenu triste et morose.

— Il y a de quoi!

— Je ne dis pas non... maître Luc lui-même semble accablé!

— C'est un fidèle intendant, dit la dame Marthe avec conviction.

— Un intendant craignant Dieu et davantage le diable! ajouta Yaumi, non sans quelque intention de raillerie.

Anne Parker cessa de tourmenter le manche de son rouet et dit, comme si elle se fût parlé à elle-même :

— L'intendant ne craint pas le diable!

Puis se tournant avec lenteur vers l'assemblée, elle ajouta :

— Quelqu'un de vous connaît-il maître Simon Troarec, le bel intendant de Plougaz?

— Respectable dame, répondit Marthe, l'intendant de Plougaz a nom maître Luc Morfil.

La vieille secoua la tête d'un air incrédule.

— Prétendrais-tu m'apprendre le nom de mon fiancé, ma mie? dit-elle avec sévérité; je n'entendis jamais parler de ce Luc Morfil, et ce n'est point là un nom de Bretagne... D'ailleurs, Plougaz n'a qu'un intendant... et c'est bien assez, va.

Anne prononça ce dernier mot avec emphase.

— C'est bien assez, reprit-elle, surtout quand l'intendant n'a pas peur du diable!... et maître Simon n'en n'a pas peur.

— Elle est folle! murmura la dame Marthe.

— C'est lui qui est le diable! reprit encore Anne Parker d'une voix de plus en plus haletante et faible; Plougaz ne s'en doute pas; ne lui dites pas... Si personne ne parle, Plougaz quittera son château et l'intendant deviendra le maître.

— Si c'était maître Luc! s'écria Yaumi, frappé d'une idée subite.

— Paix, garçon!... moi seule au monde sais ce qui se passe de nuit à la tour du Diable!

— Que vous disais-je? interrompit étourdiment la dame Marthe; la sorcière sait tout!

Anne Parker tressaillit faiblement et fit glisser sur son front sa main sèche et ridée.

— Folle que je suis! grommela-t-elle, il y a quatre-vingts ans que cela est passé.

Sa tête se pencha de nouveau; ses doigts se crispèrent autour du manche de son rouet; elle se reprit à faire semblant de filer.

— Vénérable dame, dit Marthe désappointée, ne saurons-nous point ce qui se passe à la tour du Nord?

Point de réponse. La vieille était redevenue momie.

— Je le saurai, moi, s'écria résolûment Yaumi, je le saurai dès ce soir!

Cette exclamation attira d'autant moins l'attention générale que tous les regards étaient fixés sur Anne Parker, dont tout le corps fléchissait lentement, et qui finit par s'affaisser sur son escabelle comme une masse inerte et sans vie.

— La pauvre vieille dame n'en a pas pour longtemps! dit Michel.

— Je savais que quelqu'un mourrait au château cette semaine, répliqua Francin. J'avais vu *le cierge* (1) en revenant du bourg.

— Alors l'affaire de la pauvre dame est claire, dit Yaumi.

Quelqu'un devait mourir, en effet; mais on aurait fort étonné Yaumi en lui disant le nom du prédestiné.

Il était dix du soir. L'intendant vint, comme de coutume, faire sa ronde et présider à la fermeture des portes. Il était pâle et semblait fatigué; néanmoins, avant de se retirer, il prit Pluto par son collier de fer et le conduisit dans la cour, où il l'attacha à l'aide d'une chaîne à double cadenas.

Jamais maître Luc ne manquait de s'acquitter de ce soin; jamais il ne s'en acquittait sans se dire, en manière de félicitation :

— Si, il y a douze ans, Pluto n'avait pas été attaché à cette double chaîne, le jeune Arthur serait encore au château. Moi, je serais... le diable sait où.

Une fois Pluto enchaîné, maître Luc rentra; mais au moment où le dernier serviteur du château quitta le lieu de la veillée, il ouvrit doucement la porte extérieure. Comme il allait se glisser dehors, un bruit se fit entendre derrière lui. L'intendant s'arrêta indécis.

— Bah! dit-il après une courte hésitation, c'est sans doute la vieille Marthe qui se sera endormie au coin du feu.

Il sortit. Yaumi, qui ne l'avait pas perdu de vue un seul instant depuis qu'un vague soupçon avait traversé son esprit, se coula prestement à sa suite.

Maître Luc, après avoir refermé la porte de la cuisine, longea la façade du château, et y rentra par une poterne masquée située au pied de la tour du Nord et correspondant par un petit escalier tournant avec la chambre occupée jadis par le jeune Plougaz. Yaumi étonné, mais sûr désormais de son fait, le suivit encore.

L'intendant, arrivé dans la chambre d'Arthur, prit sous le lit du jeune homme des chaînes et un paquet de résines qu'il y avait caché. Puis il attendit patiemment.

A l'instant où sonna l'heure de minuit, il poussa de grands cris, battit le briquet, alluma ses résines et parcourut la chambre en secouant bruyamment ses chaînes. Le rusé Normand s'était probablement exercé de longue main, car il faisait, lui seul, autant de fracas qu'une légion entière de démons.

Mais tout à coup il s'arrêta. Sa rubiconde figure devint d'une pâleur livide, les chaînes s'échappèrent de ses mains. Un silence profond succéda au tintamarre qu'il faisait naguère.

Il venait d'apercevoir, debout au milieu de la chambre, un homme de forte taille, qui le regardait faire, immobile et les bras croisés sur sa poitrine.

(1) On trouve, dans chaque village des Côtes-du-Nord, plus de vingt personnes qui ont vu, — de leurs yeux, — *le cierge de la mort*. C'est une des croyances superstitieuses les plus répandues en Bretagne, et c'est peut-être la plus fermement établie. Quand un homme doit mourir, on voit la nuit, descendre du firmament vers sa demeure un long cierge allumé. Ce funeste météore s'abaisse lentement; plus il approche, mieux on distingue sa forme conique. C'est bien un véritable cierge. Seulement, il est tourné sens dessus dessous, et sa flamme, contre toutes les lois de la physique, brûle ainsi la pointe en bas. Les chiens de la maison sentent de loin sa venue et se prennent à hurler déplorablement.

C'est par le tuyau de la cheminée qu'il entre dans la maison du moribond. Le plus grand nombre prétend que là s'arrête sa course mystérieuse, mais d'autres prétendent qu'il pénètre jusque dans la chambre mortuaire et va s'éteindre entre les draps du lit.

Maître Luc n'était pas brave. Il eut peur d'abord d'avoir évoqué Satan en personne. Puis, lorsque enfin il reconnut Yaumi, sa frayeur ne diminua point, car le tondeur de landes avait une réputation de vigueur et d'intrépidité fort bien établie.

— Oh! oh! dit ce dernier, c'est donc vous qui êtes le diable, honnête maître Luc?

— Ne me perds pas, Yaumi, mon bon camarade, répondit le Normand; je te donnerai tout ce que tu voudras.

— Je veux vous voir pendre, maître Luc, voilà tout, dit le gars mû par cette haine instinctive qui existe depuis le commencement du monde entre le valet de basse volée et le favori du maître.

Luc Morfil prit le courage du désespoir. Un rapide coup d'œil le convainquit que son adversaire était sans armes. Il glissa discrètement sa main droite sous son pourpoint.

— Je te donnerai dix écus... vingt écus... trente écus!... s'écria-t-il.

— Nenni da, maître; pour cinquante écus, je ne vous sauverais pas de la corde.

— Cent écus! dit encore l'intendant.

Yaumi, au lieu de répondre, lui posa sa forte main sur l'épaule.

— Grâce! murmura maître Luc.

Mais, en prononçant ce mot, il tira subitement de son pourpoint sa main armée d'un court poignard, et, visant Yaumi au cœur, il le frappa de toute sa force.

— C'était pour moi qu'était le *cierge!* dit le gars en tombant lourdement.

Maître Luc ne répondit point, mais ses fraîches couleurs reparurent, et ce fut avec un sourire parfaitement satisfait qu'il se baissa pour achever Yaumi d'un second coup.

Le lendemain, tout était frayeur et désolation au château de Coquerel. Non-seulement on avait ouï, comme de coutume, un tintamarre infernal dans la tour du Diable; mais quelque valet, rendu plus brave par le retour de la lumière, avait rencontré, en explorant la chambre hantée, un cadavre, le cadavre du pauvre Yaumi.

M. de Plougaz fut de beaucoup le plus désolé. Il manda près de lui maître Luc Morfil, et lui dit :

— Je veux vendre mon château de Coquerel.

Maître Luc eut un frisson d'allégresse.

— Monseigneur, répondit-il d'un ton hypocrite, il vous reste encore plusieurs milliers d'écus sur le prix de Coatvizillirouët.

— Je veux vendre Coquerel, répéta M. de Plougaz.

— Je suis pour obéir à vos ordres, mais...

— Mais quoi?

— Rien... Je vais minuter le contrat de vente, et faire mes diligences pour trouver un acquéreur.

— Va et dépêche!

Maître Luc sortit et prit une feuille de parchemin sur laquelle il traça, de sa plus belle écriture, un contrat en bonne et due forme. Ensuite, il enfourcha sa mule et se rendit à Bécherel, afin de faire *bannir* (1), le dimanche suivant, à la sortie de la messe, la mise en vente du joli château de Coquerel.

Ce devoir accompli, au lieu de revenir tout droit au manoir il poussa jusqu'à Dinan, et traversa les rues de la ville d'un air fier et triomphant. Ceux qui le rencontrèrent ce jour-là durent s'avouer qu'ils n'avaient jamais vu maître Luc si rouge et si souriant : il allait sur son mulet, les jambes en dehors et le poing sur la hanche, ni plus ni moins qu'un bon chevalier sur son coursier de bataille, et c'est tout au plus s'il saluait ses connaissances d'un signe de tête protecteur.

— Ces petites gens, se disait-il, ne savent point qui nous sommes. Il n'y aura bientôt plus, Dieu merci, de vilain dans nos chausses, et l'intendant se fera seigneur.

De temps en temps, sur sa route, maître Luc mettait pied à terre pour acheter tantôt un jouet d'enfant, tantôt un ruban de velours, tantôt un étui d'argent ciselé, contenant plumes et encrier. Il fourrait ces emplettes dans les vastes poches de son pourpoint. Au bas du Jerzual, qui était alors l'unique faubourg de Dinan, il attacha sa mule à un anneau de fer, scellé dans le mur d'une maison de chétive apparence, et souleva le marteau d'une porte vermoulue servant de clôture à la boutique de maître Roch Requin, procureur de profession et fieffé larron de renommée.

Maître Roch ressemblait à maître Luc comme un pruneau ressemble à une prune. C'était un petit vieillard ridé, ratatiné, desséché, passé au four. Il ne riait point souvent, de peur de montrer aux gens le vide caverneux de sa bouche édentée,

(1) Terme local : crier, publier par ban.

mais cela ne l'empêchait pas d'être un joyeux compère; et, quand il pouvait boire gratis, un Gallois ne lui eût pas su tenir tête. Il était veuf et père d'une grande fille qu'il avait peine à pourvoir d'un époux; sa famille se composait en outre d'une multitude d'enfants des deux sexes.

En entrant, maître Luc baisa la main de la grande fille d'une façon si galante, que maître Roch se sentit venir aux narines un vague parfum d'épousailles.

— Prenez ce ruban, ma mie, dit ensuite l'intendant de Coquerel; je l'ai acheté pour l'amour de vos beaux yeux noirs.

La grande fille avait les yeux gris, mais elle prit le ruban.

— À vous ceci, mes gentils marmots, continua maître Luc en distribuant ses emplettes; compère, votre famille devient tous les jours plus aimable.

Maître Roch Requin reçut ce compliment avec réserve.

— Cela vous plaît à dire, compère, répondit-il.

Puis il ajouta en *à parte :*

— Il a besoin de moi; c'est clair. Tenons-nous bien.

Maître Luc prit un siège et vint s'asseoir auprès du vieux procureur.

— Compère, dit-il, il m'est venu fantaisie de dîner avec avec vous. N'est-ce point une bonne idée?

— Hum! fit maître Roch.

— En famille, poursuivit l'intendant; sans façon.

— Sans façon, répéta le procureur.

— La fortune du pot... quatre petites entrées, deux rôtis et une douzaine de flacons de vins français...

— Y pensez-vous, compère!

— J'ai commandé tout cela chez un aubergiste de mes amis. Dans un quart d'heure, on va servir. Ne vous inquiétez pas; c'est moi qui vous traite.

Maître Roch ferma bruyamment le registre qu'il était en train de compulser, et tendit la main à son compère. La grande fille aiguisa ses dents longues, et les marmots poussèrent des hurlements de jubilation.

— Il a besoin de moi, pensa le procureur. C'est de plus en plus clair.

Quand arrivèrent, pompeusement portés par un nombre suffisant de marmitons, les deux rôtis, le panier de vin et les quatre entrées, la famille Requin se précipita dans la salle à manger. Pendant une grosse demi-heure le seul bruit qui se fit entendre fut le sourd frottement produit par une mastication énergique, et le grincement des couteaux sur les assiettes. Malgré l'absence de ses dents, le vieux procureur faisait merveilles; mais il était notablement distancé par la grande fille, dont l'appétit ne semblait point pouvoir être rassasié. Maître Luc, lui, mangeait peu, buvait moins, et versait à boire à son compère. Celui-ci était sur ses gardes et possédait une tête à l'épreuve; néanmoins, vers la fin du repas il devint expansif, et montra plus d'une fois, dans des accès de rire cacophonique, les concavités de sa mâchoire.

— Compère, dit-il, votre dîner est bon. Quand vous aurez comme cela des fantaisies de vous asseoir à ma table, il ne faudra point vous gêner.

— J'espère vous traiter mieux sous peu, compère, répondit maître Luc avec un sourire mystérieux.

— Peste!... ma famille et moi nous serons toujours à vos ordres.

Maître Luc se pencha à son oreille.

— Ne pensez-vous point, dit-il tout bas, que votre fille serait bien belle sous les nobles atours d'une châtelaine?

— Hein? fit le procureur stupéfait.

— Chut! J'aimerais à vous parler en particulier, mon compère.

Maître Roch demeura un instant abasourdi. Une foule d'idées bizarres envahit son cerveau légèrement surexcité par le vin de France. Peut-être le vieux Plougaz avait jeté les yeux sur sa grande fille; peut-être...

— Hors d'ici, enfants! s'écria-t-il impatient d'éclaircir ses doutes.

Les marmots répondirent à cet ordre par un concert de lamentations. La grande fille elle-même jeta un regard de détresse sur son assiette à moitié pleine encore, et ne put retenir un gémissement. Néanmoins tout le monde obéit, parce que maître Roch avait une façon toute armoricaine d'enseigner la soumission à ses héritiers.

Lorsqu'il fut seul avec l'intendant, ce dernier se leva et ferma la porte à double tour. Ensuite il visita scrupuleusement tous les recoins de la chambre.

— À quoi bon ces précautions, compère? demanda le procureur.

Au lieu de répondre, Morfil versa une ample rasade à son compère, et prit la parole à voix basse. Ce qu'il raconta, le lecteur le sait déjà, ou le saura plus tard. Il parla fort long-temps, et avec une certaine éloquence, car maître Roch, l'œil écarquillé, la bouche béante, semblait dévorer chaque mot.

— Diable !... diable !... dit celui-ci quand l'intendant eut achevé, voilà une affaire excessivement drôle, mon compère... J'avais deviné que vous aviez besoin de moi.

— Consentez-vous à me servir ?

— Je l'aurais parié ! Je me suis dit tout de suite : il a besoin de moi, c'est clair !

— Consentez-vous ?...

— C'est une drôle d'affaire... une affaire qui sent la corde, compère.

— Je vous donnerais mille écus.

— C'est un joli denier, mais... en conscience, le tour est drôle, et vous êtes un habile coquin, mon compère... J'ai envie d'aller conter tout ceci à Plougaz. Il me donnera plus de mille écus... qu'en dites-vous ?

Maître Luc prit sous son pourpoint ce même petit poignard qui avait réduit au silence le pauvre Yaumi, et le ficha dans la table d'un air indifférent.

— Je ne dis rien, répondit-il.

— Diable ! diable ! murmura Roch Requin en se grattant l'oreille ; vous avez répliqué à tout, mon excellent compère... vous parlez de mille écus ?

— Mille écus.

— Et ma fille ?

— Je l'épouserai.

— C'est un trésor, compère ; vous serez un heureux époux. Elle est aussi bonne que belle...

Maître Luc qui, durant cet entretien, n'avait pas perdu un seul instant son sourire, fit à ce mot une grimace équivoque à laquelle le procureur ne voulut point prendre garde.

— Allons ! dit ce dernier, touchez là, mon gendre ; je vous promets mon concours.

Ce disant, il se leva et se dirigea vers la porte. Maître Luc l'arrêta.

— *Verba volant !* dit-il. Je me suis livré à vous ; il me faut des sûretés.

— Des sûretés ! répéta le procureur avec une répugnance manifeste. Dans une affaire où il s'agit de la potence, on n'écrit point, mon compère... J'ai grande confiance en vous, mais je ne connais personne à qui je pusse volontiers donner ma tête à garder.

— Il faut pourtant écrire, maître Roch ! dit Morfil d'un ton ferme.

Le vieux procureur jeta autour de lui un regard cauteleux. Il n'y avait nulle issue.

— Soit ! reprit-il avec une feinte résignation ; j'écrirai tout ce qu'il vous plaira, mon gendre... Allons quérir tout ce qu'il nous faut pour cela...

Une fois dehors, qui sait si maître Roch Requin n'eût point changé d'avis ?

Malheureusement pour lui, le Normand avait tout prévu. Il tira de sa poche une feuille de parchemin et l'étui d'argent qu'il avait acheté.

— Ne vous dérangez pas, beau-père, dit-il en choisissant son meilleur sourire. Voici une écritoire que vous conserverez, s'il vous plaît, en souvenir de moi.

Le procureur baissa la tête. Il était vaincu.

Maître Luc lui dicta un acte par lequel lui, Roch Requin, s'engageait, moyennant une somme de mille écus, à acheter en son nom, le cas échéant, le château de Coquerel, pour ensuite rendre ledit château à Luc Morfil, véritable acquéreur. Roch Requin écrivit, fort à contre-cœur, et signa de mauvaise grâce.

— Comme cela, mon compère, dit Luc en mettant l'acte dans sa poche, vous ne serez point tenté de vendre mon secret, car nous partagerions la corde en bons amis que nous sommes... Au revoir, maître Roch Requin !

— Au revoir, maître Luc Morfil ! repartit dolemment le procureur.

En sortant, l'intendant de Plougaz se montra beaucoup moins galant que le matin. Il ne dit point à la grande fille que ses yeux gris étaient noirs, et passa sans regarder les nombreux marmots qui attendaient son accolade.

— J'aurais parié qu'il avait besoin de moi ! grommela le procureur. Diable ! diable ! au lieu de le tenir, je me suis laissé prendre, et c'est lui qui me tient... Quel dommage !

Quand maître Luc enfourcha sa mule, le soleil baissait à l'horizon. De Dinan à Coquerel, il y avait trois grandes lieues. L'intendant mit sa monture au trot, et récapitula joyeusement les événements de la journée. Tout lui avait réussi. Plougaz

consentait enfin à vendre son château, et l'acquéreur était trouvé d'avance. C'était au mieux. En définitive, maître Luc s'était rendu coupable de vol, d'imposture, de meurtre, etc. ; mais au moins il avait touché le prix de ses méfaits. Or, il espérait bien imposer silence à ses souvenirs, une fois qu'il serait maître du joli château.

Avant qu'il eût fait deux lieues sur la route, le soleil se cacha derrière les vertes montagnes qui côtoient la rivière de Rance. Le crépuscule tomba. La moitié du ciel se voila d'un crêpe noir, tandis que le couchant restait éclairé par un sombre reflet de feu. Maître Luc fouetta sa mule à tour de bras et chercha dans sa mémoire un refrain normand pour tromper la frayeur dont il ressentait déjà les approches. Quand sa chanson fut terminée, il faisait nuit. Une bande rouge marquait seulement, à l'occident, la place où le soleil avait disparu.

Maître Luc fouetta sa mule derechef ; mais sa mule était vieille, lasse et obstinée. Elle continua son trot paisible sans tenir compte le moins du monde de l'impatience de son cavalier. Celui-ci avait le cœur serré par une vague angoisse. Hardi scélérat le jour, il était, la nuit, un coquin poltron et superstitieux. Chaque arbre du chemin prenait, pour son imagination épouvantée, des formes terribles ; son oreille entendait des bruits étranges, et plus d'une fois il crut ouïr dans le lointain le grincement lugubre de la *brouette de la mort* (1).

— Je suis un bon chrétien ! murmurait-il comme pour tromper le ciel. Je ferai dire une messe... dix messes... J'ai de quoi payer...

Puis il essayait de réciter les versets oubliés du *De profundis*. Mais il s'interrompait bientôt, et tressaillait violemment. Quelque chevreuil effarouché avait traversé la route, le vent lui avait apporté les notes funèbres du chant d'un hibou caché dans le feuillage. Il avait peur. Tous ses membres tremblaient. Une mate pâleur avait remplacé les rubicondes couleurs de sa joue.

Une heure se passa. Il était à une demi-lieue de Coquerel. La lune montait à l'horizon, mais son croissant, caché par des nuages, ne donnait aux objets que cette lueur incertaine qui change l'aspect de la nature morte, et parsème les campagnes d'étranges fantômes. Maître Luc, engagé dans un chemin creux que bordaient de chaque côté de hauts talus, couronnés de haies épaisses, se faisait petit sur sa mule, et se promettait un cierge à Notre-Dame de Gévezé pour se concilier sa puissante protection. Il se repentait amèrement, le pauvre homme, d'avoir prolongé si tard son repas ; il était si accablé que la pensée d'acheter Coquerel n'avait plus le don de le ranimer.

Ses yeux restaient cloués au sol afin de ne point voir les spectres qui, sans doute, faisaient sabbat en l'air. Il était en train de s'applaudir de ce naïf stratagème, lorsque sa monture s'arrêta tout à coup. Maître Luc leva instinctivement son regard et demeura pétrifié.

Au beau milieu de la route, une forme noire et gigantesque se tenait debout. Maître Luc fit un signe de croix et demanda pardon à Dieu du fond du cœur, pour se préparer à mourir. Ses forces défaillaient, il sentait venir sa dernière heure.

La mule cependant ne bougeait point, non plus que la forme noire. Maître Luc prit le courage de presser le flanc de sa monture, qui fit quelques pas en avant et s'arrêta de nouveau. Maître Luc était alors si près de la forme noire qu'il aurait pu la toucher de la main, mais il n'eut garde.

Cependant l'immobilité de cet effrayant fantôme le rassura quelque peu. Il leva furtivement les yeux et poussa bientôt la témérité jusqu'à regarder le fantôme en face. La lune, momentanément débarrassée des vapeurs qui l'entouraient, tombait d'aplomb sur le spectre, dans lequel maître Luc reconnut le poteau servant de limite au domaine de Coquerel.

(1) La nuit, quand il n'y a point de lune au ciel et que le paysan breton chemine seul sur une route déserte, il entend et voit bien des choses que des yeux ou des oreilles de citadin ne sauraient point saisir. Il entend, entre autres choses, le bruit néfaste produit par l'essieu de la *brouette des morts*, frottant ses roues que le diable a négligé de graisser. Personne n'a jamais vu cette brouette, mais elle affecte de passer en criant sur son axe, devant la porte des mourants. Sa rencontre est d'un fort mauvais présage. Les gens prudents, lorsqu'ils l'ont entendue passer, font dire une messe ou récitent un *De profundis*, suivant leurs moyens. Quelques rares esprits forts nient son existence et s'en moquent, mais ils meurent tôt ou tard, ce qui prouve surabondamment qu'il ne faut point parler à la légère de la *brouette de la mort*.

— Poltron de mulet! s'écria-t-il en frappant à tour de bras
sur sa bête; avoir peur d'un poteau! Marche donc, lâche
animal!

Le mulet de maître Luc ne méritait point cette accusation
de couardise. Il s'était arrêté devant le poteau, suivant sa coutume, pour attendre les ordres de son cavalier, parce que la
route se bifurquait en cet endroit. Le Normand seul avait eu
peur; mais maintenant qu'il reconnaissait son chemin et se
sentait près de Coquerel, il oubliait ses transes et cherchait à
se tromper lui-même. Encore cinq minutes et il allait voir
les fenêtres du manoir éclairées comme il convient aux fenêtres d'une demeure hospitalière; comment se fût-il avoué
qu'il avait failli trépasser d'épouvante?

Il se tenait droit en ce moment sur sa selle et sifflotait l'air
d'un refrain à boire. La nuit n'avait plus pour lui de terreurs. Les chênes redevenaient des chênes malgré leurs longues branches dépouillées qui ressemblaient de loin à des
bras sans chair; les poteaux redevenaient des poteaux... La
brouette de la mort ne criait plus sous le couvert, et maître
Luc était si brave qu'il répondait au cri du hibou en paro-
diant plaisamment sa funèbre plainte.

— Hou-hou! hou-hou! disait-il en riant de bon cœur. Hibou, mon ami, je chante aussi bien que toi, et j'ai souvent
répété ta gamme au chevet du jeune M. Arthur...

Son rire cessa. Au moment où il prononçait ce dernier
mot, un hurlement sourd et prolongé se fit entendre auprès
de lui, et Pluto, traînant sa chaîne brisée, traversa le chemin.
Deux hommes suivaient Pluto. Quand ils passèrent devant
l'intendant, la lune éclaira leurs visages pâles, leurs joues
creuses et leurs orbites où il n'y avait point d'yeux.

Ils étaient vêtus de longs suaires blancs comme la neige.
Le premier, dont le linceul avait la forme d'une robe de pèlerin, montrait sa poitrine percée de part en part par une
flèche sarrasine. L'autre, dont le suaire ressemblait à la sou-
quenille d'un vilain, avait une tache sanglante à la place du
cœur.

Maître Luc perdit les arçons et tomba lourdement à la renverse sur la poussière du chemin.

— Arthur de Plougaz! Yaumi! murmura-t-il d'une voix
étranglée. Pitié! miséricorde!

Pluto hurla. Les deux hommes, vêtus de blanc, glissèrent
comme deux flocons de vapeur poussés par la brise du soir.
La mule dressa les oreilles et renifla bruyamment, tandis
que ses flancs frémissaient. Maître Luc voulut se relever,
mais ses jambes fléchirent, et il retomba privé de sentiment.

IV — L'ÉLIXIR.

M. de Plougaz avait passé toute cette journée tristement
enfermé dans son appartement. Le pauvre seigneur regrettait
amèrement son joli château de Coquerel. Il songeait à toutes
les belles fêtes qu'il avait données dans la grande salle, à tous
les bons repas qu'il avait faits sur la vaste table du salon à
manger; il songeait à ses magnifiques écuries, où cent chevaux dormaient à l'aise; à son chenil, renommé dans toute
la contrée, où cent couples de chiens de toutes tailles, de tous
poils, de toutes races, s'ébattaient et faisaient vacarme au
soleil levant. Il songeait à tout cela, et, comme la tristesse
rend l'âme bonne, il songeait aussi à son fils Arthur, qu'il
n'avait point vu depuis dix ans.

— Hélas! hélas! disait-il; mon Arthur et mon Coquerel,
mon pauvre fils et mon pauvre château!... Le vieux Plougaz
n'a plus ni manoir ni famille!

Et il se reprochait d'avoir laissé si aisément partir l'unique
héritier de son nom.

Ce n'était pas la première fois que M. de Plougaz se souve-
nait d'Arthur. A diverses reprises, il avait chargé maître Luc
d'envoyer d'assez fortes sommes aux chevaliers hospitaliers
de Saint-Jean, pour qu'elles parvinssent au jeune homme.
Nous savons quel emploi maître Luc avait fait de ces sommes.

Et tout en donnant son cœur à ces sombres pensées, le
vieux seigneur arpentait d'un pas saccadé le parquet de sa
chambre. La fièvre lui montait au cerveau. Il ne pouvait
point tenir en place et trouvait chaque heure aussi longue
qu'une semaine. Vers le soir, il sortit de son appartement
pour voir si maître Luc n'était point revenu de son voyage.
Le disque du soleil, rougi par les vapeurs terrestres, touchait
la ligne de l'horizon, et inondait de ses derniers rayons les
galeries et les salons de Coquerel. Le joli château resplendis-
sait. Les vitraux colorés des fenêtres, décomposant au passage
cette ardente lumière, teignaient de pourpre ou d'azur les
panneaux historiés des lambris. On voyait s'allumer, comme
autant de brillantes étoiles, les dorures de la voûte, l'acier
poli des trophées d'armes, et les cristaux diamantés des lustres.
M. de Plougaz semblait voir pour la première fois ces merveilles, tant il les admirait de bon cœur. Et plus il admirait,
plus il gémissait, le malheureux vieillard. Toutes ces belles
choses n'allaient-elles point changer bientôt de maître? Combien de fois pourrait-il voir encore le soleil se coucher à travers les vitraux des hautes fenêtres de Coquerel?

C'était là un affreux sacrifice. Mais c'était un sacrifice nécessaire; car, pour un noble, pour un simple chrétien même,
mieux vaut vivre dans un taudis que de partager sa demeure
avec Satan.

Tandis que M. de Plougaz se promenait ainsi de salle en
salle, de corridor en galerie, comme une âme en peine, il se
passait d'étranges choses dans son manoir.

Vers une heure après midi, un homme, portant la robe
blanche des pèlerins d'outre-mer, avait soulevé le marteau
de la grande porte et demandé l'hospitalité. Il n'y avait point
d'exemple qu'on eût jamais refusé pareille requête à Coquerel. Le mendiant fut introduit. C'était un personnage de
haute taille, dont les traits hâves et fatigués révélaient de
longues années de souffrance. Sa robe était poudreuse et tombait en lambeaux.

Au moment où il traversait la cour, Pluto, retenu par sa
chaîne, dormait au soleil devant l'ouverture de sa loge. Son
sommeil parut subitement agité. Ses larges naseaux se dila-
tèrent. Il jappa doucement et remua la queue comme font
les chiens à la vue d'une personne connue. Puis, quand l'é-
tranger passa devant lui, il s'éveilla en sursaut et bondit.

— A bas, Pluto! dit Francin, qui remplissait l'office d'in-
troducteur. Ne vous effrayez pas, mon maître. La chaîne est
bonne.

— Je ne m'effraye point, répondit l'étranger d'un ton grave.

— Hé! hé! sire pèlerin, il y a pourtant de quoi, je vous
jure. Pluto est une méchante bête, et, sans la chaîne, vous
n'auriez pas beau jeu... Mais que faites-vous? Arrêtez!

L'étranger s'était avancé vers Pluto, et, sans tenir compte
de l'avertissement du vassal, il avait appuyé sa main sur la
tête du redoutable chien.

Francin fit un geste de terreur. Il crut que le pèlerin allait
être dévoré, mais Pluto se recoucha. Son grand œil rouge
devint doux et humide. Tout son corps se prit à frémir, et il
n'ouvrit la gueule que pour lécher les sandales poudreuses de
l'étranger.

— Dieu nous protége! grommela Francin, qui regarda dès
lors l'étranger avec un respect mêlé de défiance. Nous vi-
vons dans un temps de malheur! Le diable la nuit, des sorciers le jour...

Il n'acheva point, mais il se signa à la dérobée.

L'étranger revint vers son guide, qui le fit entrer dans la
cuisine où la vieille Anne Parker, seule et plongée dans sa
somnolence habituelle, faisait mine de filer sa quenouille
absente, auprès du foyer presque éteint.

— Mon maître, dit Francin, chauffez-vous et reposez vos membres en attendant le repas. Excusez-moi si je ne vous tiens
point compagnie, mais vous êtes arrivé au château de Coquerel dans un triste moment. On veille un mort, à l'heure qu'il
est, dans la chapelle. Mon pauvre camarade Yaumi viendrait
longtemps pleurer à mon chevet, durant les nuits d'hiver, si
je ne faisais pas ce que peut un chrétien pour abréger son
temps de purgatoire.

— Y a-t-il un prêtre pour mener la veillée? demanda l'é-
tranger.

— Hélas! répondit Francin, depuis bien des années, nul
prêtre n'a franchi le seuil de Coquerel.

— Le mort a-t-il reçu les secours d'un médecin?

— Les médecins sont rares, sire pèlerin; et, d'ailleurs, il y
a des maladies que ne sait point guérir l'art des hommes...
Un coup de poignard au cœur.

— La science peut tout! interrompit sévèrement l'étranger. Va! je te rejoindrai. — Un homme qui a vécu cinq ans
parmi les infidèles et surpris leurs plus merveilleux secrets,
ajouta-t-il presque à voix basse, a le droit de se dire maître
en l'art de guérir : je remplirai l'office de médecin.

Francin secoua la tête.

— Va, te dis-je, reprit le pèlerin. S'il est mort, je prierai
Dieu pour son âme; s'il reste une étincelle de vie en lui, je le
guérirai.

— Ainsi soit-il! murmura Francin d'un air incrédule.

Il sortit. L'étranger s'assit sur une escabelle et remua les
cendres pour ranimer le feu.

— Dame, dit-il en s'adressant à la vieille Anne, Luc Morfil est-il toujours intendant de Plougaz?

La centenaire tressaillit à cette voix. Ses doigts, mus par une ardeur machinale et subite, poussèrent activement sa besogne imaginaire. Elle ne répondit point.

L'étranger répéta sa question d'un ton bref et impérieux.

Alors Anne laissa son rouet, remua, sans produire aucun son, ses lèvres desséchées, et leva son regard fixe et morne sur l'étranger. Elle le regarda longtemps ainsi. Son œil, terne comme un cristal dépoli, ne reflétait point ce qui se passait au dedans d'elle; mais les rides de ses joues se mouvaient et s'entre-choquaient; ses doigts étendus semblaient vouloir repousser une vision.

— Ne voulez-vous point me dire, dame, reprit encore le pèlerin, comment se nomme l'intendant de Plougaz?

— Simon Troarec, répondit enfin la voix cassée de la centenaire. Mais il a un autre nom... un nom qu'il ne faut pas répéter, un nom que nul ne connaît... Je le sais, moi, parce que j'ai passé la nuit à la tour du Diable. Il s'appelle Satan.

L'étranger se leva, et prit le chemin de la porte, croyant ne pouvoir rien tirer de cette pauvre insensée. Anne se tourna lentement et tout d'une pièce, afin de le suivre du regard. Puis elle répéta en souriant d'un air mystérieux :

— Il s'appelle Satan. Le château est à lui... et moi, je suis sa fiancée.

Le pèlerin, comme s'il eût parfaitement connu les êtres de la maison, traversa sans hésiter les corridors et arriva au seuil de la chapelle. C'était un vieil édifice dont le style s'harmoniait avec celui du château; mais qui, délaissé par la négligence des derniers seigneurs de Plougaz, gardait un aspect triste et désolé. Le sol disparaissait sous une épaisse couche de poussière humide. L'autel était nu; de longues toiles d'araignée pendaient aux voûtes, et le vent pénétrait de toutes parts à travers les vitraux brisés des fenêtres saxonnes.

On avait étendu le pauvre Yaumi sur une table recouverte d'un drap au milieu de la nef. Aux quatre coins de ce rustique catafalque brûlaient, en guise de cierges, quatre résines soudées au sol. Tout autour, les gens de Coquerel étaient assis sur les bancs. Les uns priaient, les autres faisaient semblant de prier; ceux qui étaient bavards causaient; la fiancée de Yaumi pleurait.

Le soleil, caché sous des nuages opaques, laissait l'intérieur de cette chapelle ruinée dans un sombre demi-jour, que rendait plus mélancolique la rouge et vacillante clarté des résines. La décoration allait merveilleusement à cette scène mortuaire, dont les acteurs, comme tous les paysans de Bretagne, étaient, plus que d'autres, disposés, à la pente de leur nature, à sentir la lugubre poésie. Le Breton, en effet, aime ce qui attriste et ce qui effraye. Quand il chante, ce sont de mystiques et lamentables refrains; quand il raconte, ce sont de terribles histoires. Ses récits ont pour personnages le Démon et la Mort, pour lieu de scène, ou le chauve sommet d'une montagne hantée par les *maudits;* on y entend le sifflement de la tempête, le cri du chat-huant, et dans le lointain les vagues vibrations d'un glas funèbre.

Une dernière circonstance portait au comble l'inquiet recueillement de la majeure partie de l'assemblée. Francin n'avait pas manqué de parler du pèlerin dont le regard avait dompté Pluto, et qui se vantait de posséder les secrets des docteurs païens. Chacun se sentait ému d'une curiosité mêlée de crainte. On attendait avec impatience l'arrivée de ce personnage extraordinaire, et la pensée d'un miracle possible se glissait dans tous les esprits.

L'étranger parut enfin sur le seuil, et un frémissement subit parcourut les rangs des serviteurs de Plougaz. Ceux qui priaient furent distraits; ceux qui causaient se turent; la fiancée de Yaumi elle-même essuya ses yeux et regarda.

Le pèlerin traversa la chapelle d'un pas lent et grave. Il s'arrêta devant la table où était couché Yaumi, et appuya sa main sur la poitrine du cadavre. Durant une minute il demeura ainsi immobile et profondément attentif. Puis il secoua la tête :

— Je suis venu trop tard, dit-il; cet homme est mort.

Un sanglot déchirant souleva la poitrine de la fiancée de Yaumi. L'étranger leva les yeux sur elle et parut touché de sa douleur. Il prit dans son sein un flacon de métal qu'il ouvrit avec effort. Un parfum âcre et saisissant emplit aussitôt la chapelle. L'étranger fit couler une goutte du contenu de son flacon sur la lèvre de Yaumi, et replaça ensuite sa main sur le cœur du gars.

Cette fois, il attendit longtemps. Au bout de quelques minutes, un sourire satisfait releva sa fine moustache noire. Yvonne, la fiancée de Yaumi, se sentit venir à l'âme un vague

espoir. Les autres serviteurs de Plougaz ouvrirent les yeux et les oreilles.

— Son cœur bat, dit le pèlerin d'une voix si faible qu'on avait peine à l'entendre. Il est suspendu entre la vie et le trépas... Il faut beaucoup pour le sauver; pour le perdre, il ne faut qu'un souffle. Retirez-vous, bonnes gens, et priez Dieu dévotement; car Dieu seul peut donner à un homme le pouvoir d'opérer semblable cure.

Ce disant, l'étranger se mit à genoux. Les gens de Plougaz s'éloignèrent sans bruit. Yvonne seule s'avança vers le pèlerin et lui présenta une petite croix d'or qui ornait sa poitrine.

— Je n'ai que cela, murmura-t-elle. Si j'avais un beau château comme Coquerel, je vous le donnerais.

L'étranger lui imposa silence d'un geste impérieux, et la pauvre fille sortit à son tour.

Une fois seul, le pèlerin releva les manches traînantes de sa robe, et se mit en besogne. Il sortit de sa poche une petite trousse et diverses fioles, dont il se servit si bien que Yaumi reprit vie et s'agita sur sa couche de pierre. Ses plaies, il faut le dire, étaient peu de chose; le poignard de maître Luc n'avait touché aucune partie vitale, mais le froid de la nuit, joint à une énorme perte de sang, avaient si bien engourdi le tondeur de landes, que ses camarades n'avaient pu voir en lui qu'un cadavre.

Quand il eut recouvré ses sens, il se trouva fort surpris de la pompe mortuaire qui l'entourait, et voulut demander des explications. Mais ce n'était point le compte de l'étranger, qui, après lui avoir fait boire quelques gouttes d'un cordial dont la recette est restée un secret entre lui et les païens de Palestine, lui ordonna de rester immobile.

Quatre ou cinq heures se passèrent ainsi, pendant lesquelles Yaumi goûta un bienfaisant repos. Les gens de Plougaz venaient de temps à autre regarder par la porte entre-bâillée; mais la mine sévère et hautaine du pèlerin les retenait toujours à distance.

Il faisait nuit lorsque Yaumi se réveilla. Le sommeil lui avait donné des forces. Il se dressa sans trop d'efforts et s'assit sur la table.

— Yaumi, dit l'étranger, tu es le frère de lait de l'unique héritier de Plougaz?

— Que Dieu ait l'âme du pauvre jeune seigneur! répondit le gars en se signant : c'est la vérité.

— Le reconnaîtrais-tu? poursuivit le pèlerin.

— Il y a douze ans que mes yeux ne l'ont vu, mais ses traits sont là (il montrait son cœur). Je le reconnaîtrais.

L'étranger rejeta en arrière ses longs cheveux, et approcha une résine de son visage. Yaumi le contempla une seconde d'un air de doute; puis, appuyant sa main à un pilier, il essaya de fléchir le genou.

— Monseigneur, murmura-t-il, je bénis Dieu qui vous a ramené sain et sauf au joli château de Coquerel.

Arthur de Plougaz tendit sa main, que son frère de lait baisa avec une respectueuse affection; ensuite, il y eut entre le maître et le serviteur une longue conversation. Arthur apprit ce qu'il avait vainement demandé à la vieille Anne Parker, savoir que maître Luc Morfil était toujours intendant de Coquerel. Il entendit, sans manifester trop de surprise, le récit de ce qui était arrivé à Yaumi dans la tour du Diable. Une seule chose parut l'intéresser vivement, c'est l'existence de la porte masquée et de l'escalier secret qui conduisait de la cour à la chambre que lui-même habitait jadis.

— C'est par là qu'il venait, le misérable! pensa-t-il. Eh bien! cette route peut servir à deux fins : c'est par là qu'il s'en ira, s'il plaît à Dieu!... Je savais tout cela, mon homme, ajouta-t-il à voix haute, ou du moins je m'en doutais depuis hier. Après bien des traverses, je suis arrivé hier à Dinan. Là, j'ai appris que le château de mon père était hanté par les esprits mauvais... Or, j'avais souvenir de certains tours diaboliques qui furent cause autrefois de mon départ pour la Terre sainte... De par Dieu! mon homme, ce traître valet ne sera jamais seigneur de Coquerel!

— Moi aussi, je suis son débiteur, dit Yaumi d'une voix sombre.

— Tant mieux! tu ne m'en serviras qu'avec plus de zèle... Peux-tu marcher?...

Yaumi fit quelques pas en chancelant.

— Encore une goutte de mon élixir! poursuivit Arthur.

Yaumi but et sentit une vigueur nouvelle circuler dans tous ses membres.

— Par saint Guillaume, mon patron! s'écria-t-il émerveillé, si vous n'étiez pas noble autant que les Valois de France, je vous croirais sorcier, monseigneur.

La nuit était tout à fait tombée. Les gens de Coquerel, rassemblés comme d'habitude autour du foyer, regardaient fumer deux ou trois troncs d'arbres humides dans la cheminée. La vieille Anne Parker était à son poste, marmottant et filant. Il ne manquait là que Yaumi et Pluto.

La veillée était plus triste encore que le soir précédent. Un morne silence régnait autour de l'âtre, et n'était guère interrompu que par les sanglots étouffés d'Yvonne. A tour de rôle, un des gars se levait pour aller voir ce qui se passait dans la chapelle. Le gardeur d'oies, qui s'était acquitté le dernier de ce soin, était revenu en disant que Yaumi était toujours couché sur la table.

L'enfant mentait. La peur l'avait pris dans les sombres corridors. Il n'avait point osé aller jusqu'à la chapelle.

— Mes garçons, dit Marthe, le pauvre jeune homme est mort... bien mort ! N'a-t-on pas vu *le cierge*, hier?

— Ça, c'est vrai, dit tristement l'assemblée.

— Le mieux que nous puissions faire, c'est de réciter un *De profundis* pour le repos de son âme.

Cette proposition parut assez convenable. Les hommes ôtèrent leurs bonnets de laine; les filles prirent leurs chapelets, et dame Marthe commença le premier verset de l'hymne funèbre.

Mais, à ce moment, Anne Parker s'agita sur son escabelle et poussa un strident éclat de rire, auquel succéda un morne silence.

Lorsque, après le premier moment de stupeur, dame Marthe voulut continuer sa prière, la vieille Anne se reprit à rire :

— Hé ! hé ! hé ! dit-elle, Simon Troarec a beau dire... Plougaz est revenu... je l'ai vu.

— Que dit-elle? s'écrièrent plusieurs voix.

— Paix ! dame Anne, dit Marthe. Laissez-nous prier pour les morts !

— Pour les morts?... Simon et toi, ma mie, vous mentez... Il est vivant, bien vivant... hé ! hé ! hé ! hé !

Son rire sec et saccadé se prolongea une seconde, puis s'éteignit.

Marthe recommença son *De profundis*.

— Chut ! dit la centenaire ; tu ne sais pas chanter, ma mie... Écoute !

Et elle entonna, de sa voix chevrotante et cassée, une ronde du pays :

> C'est aux forêts de Bretagne
> Qu'on fait de jolis sabots :
> Tenez vos petits pieds chauds,
> Ma belle brune.
> Et vous, gars à marier,
> Cherchez fortune.

— Silence, dame ! s'écria Marthe indignée. Il faut être damnée d'avance pour chanter dans un pareil moment.

La vieille reprit :

> Les rochers y sont de pierre,
> De pierre du haut en bas :
> Le soleil ne les fond pas,
> Non plus la lune...
> Et vous, gars à marier,
> Cherchez fortune !

Ce chant frivole, qui interrompait si mal à propos la prière des morts, glaça d'une sorte d'horreur l'assemblée des gens de Plougaz. Ils se regardaient entre eux d'un air inquiet et indécis.

— On a perdu des fagots à brûler des sorcières qui valaient mieux qu'elle, grommela dame Marthe avec colère.

La vieille lui jeta un regard hébété, puis elle poursuivit, en frappant ses mains ridées l'une contre l'autre :

> Le soir, on danse sur l'aire,
> Sur l'aire à battre le blé :
> Ah! c'est qu'il fait bon sauter,
> Quand vient la brune...
> Et vous, gars à marier,
> Cherchez fortune (1).

Tandis qu'elle chantait ce dernier couplet, sa voix devenait de plus en plus rauque et voilée. En terminant, elle poussa un profond soupir et laissa tomber ses bras.

— Ah! ah! murmura-t-elle, je suis contente d'avoir vu Plougaz avant de mourir... Mais je ne sais si je mourrai, parce que je suis la fiancée de Simon Troarec... qui est le Diable.

Elle s'adossa au manteau de la cheminée et demeura immobile.

L'assemblée fut quelque temps à secouer l'impression causée par cet incident bizarre. Enfin Francin se leva et annonça qu'il allait voir ce qui se passait dans la chapelle. Pendant cela, dame Marthe, qui était une femme persévérante, entreprit d'achever son *De profundis*.

Mais il était écrit que, ce soir-là, elle échouerait dans son pieux dessein. A peine, en effet, avait-elle prononcé les premiers mots latins, que Francin revint, les traits bouleversés et la pâleur au front.

— Qu'y a-t-il? s'écria-t-on de toutes parts.

— Plus rien! balbutia Francin à qui l'effroi coupait la parole ; — plus rien dans la chapelle!...

Yvonne s'élança vers lui et saisit son bras, qu'elle pressa fortement.

— Que dis-tu? murmura-t-elle ; serait-il guéri?

Francin la regarda d'un air étonné.

— Réponds donc? cria-t-elle avec impatience ; le pèlerin a-t-il tenu sa promesse?

— Hélas-Dieu ! dit le gars, dans quel temps vivons-nous !... Le sorcier maudit n'avait du pèlerin que l'habit... Pauvre Yaumi !... Le sorcier s'est enfui avec son cadavre!

Yvonne poussa un cri d'horreur, et tous les gens de Plougaz se précipitèrent en tumulte vers la chapelle, pour vérifier le rapport de Francin. Celui-ci avait dit vrai. A la lueur de résines expirantes, on aperçut la table sur laquelle il n'y avait plus un mort pour linceul.

Une porte latérale de la chapelle restait ouverte.. C'était par là qu'avait dû fuir le faux pèlerin. Les gens de Plougaz sortirent. Arrivés dans la cour, ils reconnurent que Pluto n'était plus sur sa loge. Un bout de chaîne brisée pendait seul à l'anneau de fer scellé dans la paroi de la cabane.

— Que Notre-Dame ait pitié de nous! murmurèrent les gens de Plougaz, et que Dieu nous protège contre les attaques du malin esprit !...

Un hurlement lointain de Pluto répondit à cette invocation et la voix chevrotante d'Anne Parker lança son gai refrain à travers les fenêtres ouvertes de la cuisine :

> Ah! c'est qu'il fait bon sauter,
> Quand vient la brune...
> Et vous, gars à marier;
> Cherchez fortune.

V — UN CHEVALIER, UN ÉCUYER ET UN CHIEN.

Cette nuit-là, il ne se passa rien d'extraordinaire au joli château de Coquerel. La tour du Nord demeura sombre et muette. On ne vit plus de fantastiques lueurs courir de meurtrières en meurtrières. On n'entendit point le fracas des chaînes, les gémissements, les clameurs, et tous ces bruits d'outre-tombe qui effrayaient tant les serviteurs de Plougaz. Chacun dormit d'un sommeil paisible, comme s'il n'y eût point eu à Coquerel une tour du Diable.

Nos lecteurs ne s'étonneront point de cette circonstance s'ils veulent bien se rappeler que maître Luc Morfil était tombé sans mouvement, vers dix heures du soir, au beau milieu de la route. Quand il s'éveilla, il était plus de minuit ; l'heure de faire sabbat était passée, et le brave intendant connaissait trop bien l'étiquette infernale pour s'aviser de mettre en branle ses résines et ses ferrailles à une heure du matin. D'ailleurs, il n'était point trop en train pour se mettre en besogne. Le froid de la nuit avait perclus son corps ; la terreur avait paralysé son esprit. Quand il reprit ses sens, son premier soin fut de jeter autour de lui son regard effrayé. La lune, parvenue à son plus haut degré d'élévation, jetait à flots sur les campagnes sa blanche et limpide lumière. Mais Luc ne vit plus le spectre du jeune Arthur, ni celui de Yaumi, ni celui de Pluto. Il n'y avait là près de lui que sa mule fidèle, qui l'attendait en dormant debout sur ses quatre jambes.

Maître Luc fit quelques pas sur le chemin pour rendre à ses membres un peu d'élasticité; puis, montant sur sa bête, il se hâta de gagner son gîte.

— J'aurai rêvé, se disait-il. Dieu merci, les morts ne reviennent point, et la chaîne de Pluto est en bon fer... J'aurai rêvé.

___

(1) Chanson morbihannaise qui a plus de cent couplets. Les paroles sont généralement vives et bizarres comme celles de tous les pots-pourris, mais l'air est lent et remarquablement mélancolique.

En traversant la cour de Coquerel, il siffla Pluto, qui n'eut garde de répondre. Alors il s'approcha de la loge et vit que le chien avait réellement disparu.

— Le diable s'en mêlerait-il pour tout de bon? grommela-t-il avec inquiétude.

Maître Luc eut grand'peine à s'endormir. Le lendemain matin, il apprit l'enlèvement prétendu du cadavre de Yaumi, ce qui acheva de le convaincre qu'il n'avait point rêvé la nuit précédente. Malgré les terreurs nouvelles que faisait naître en lui cette série d'événements extraordinaires, il se roidit dans ses projets spoliateurs et résolut de lutter avec l'enfer, s'il le fallait, plutôt que de renoncer au joli château.

M. de Plougaz, au contraire, s'éveilla fort gaillard. Il y avait longtemps que le bon seigneur n'avait dormi si tranquillement. En se levant, il demanda, pour son déjeuner, un râble de lièvre, cinq cailles, deux perdix et un poulet gras de la Guerche, cité presque aussi célèbre que le Mans pour ses chapons. Pour son dessert, il mangea trois galettes de blé noir, dont une seule aurait satisfait l'appétit d'un Auvergnat moderne. Mais, en ces temps héroïques, l'estomac de l'homme était dans toute sa vigueur; ses facultés ne se pourraient point comparer aux faibles capacités de nos organes dégénérés.

Quand M. de Plougaz eut arrosé son repas du matin à l'aide d'un pot de vin clairet, il se renversa sur son grand fauteuil à dossier blasonné, et au lieu de se curer les dents, comme ferait un gourmand contemporain, il se demanda ce à quoi il emploierait sa journée.

La chasse l'amusait fort, mais il commençait à n'être plus fort ingambe, et la goutte livrait à ses orteils de fréquents et victorieux combats. La pêche est un fade plaisir; M de Plougaz d'ailleurs trouvait que c'était là passe-temps de vilain. Il eût bien employé quelques heures à feuilleter la demi-douzaine de bouquins qui formait la bibliothèque de Coquerel, mais il ne savait pas lire. Que faire donc?

Comme il s'adressait cette question, maître Luc Morfil, pâle et portant sur son visage les piteuses traces de sa mauvaise nuit, entra dans la salle à manger.

— Dieu vous garde, monseigneur! dit-il en saluant profondément.

— Merci, Luc, merci, mon ami, répondit M. de Plougaz. Tu viens fort à propos, j'étais dans un grand embarras.

— Monseigneur sait que je suis à ses ordres.

— Sans doute, Luc. Je te paye pour cela... Dis-moi... que ferais-je bien aujourd'hui pour me distraire?

Maître Luc ne put retenir une grimace. Cette liberté d'esprit de son seigneur lui semblait d'un fort mauvais augure pour ses projets. Avait-il donc suffi d'une nuit de repos pour rendre à Plougaz toute sa sérénité? ne songeait-il plus à la tour du Diable et aux terribles apparitions qui avaient mis en émoi naguère le château de Coquerel?

— Eh bien? dit M. de Plougaz.

— Monseigneur veut-il que je lui rende compte de mes démarches d'hier?

M. de Plougaz haussa les épaules d'un air mécontent.

— Au diable tes comptes et tes démarches! s'écria-t-il. Penses-tu me divertir en me parlant ainsi?... Allez-vous-en, maître, et envoyez-moi mon veneur.

L'intendant obéit aussitôt. Mais le coup était porté : il avait suffi d'un seul mot pour ramener le vieux gentilhomme à ses sombres pensées. Quand le veneur se présenta, M. de Plougaz le regarda de travers et l'accueillit assez médiocrement.

— Je n'ai que faire de tes services, maraud, lui dit-il; va-t'en, et envoie-moi mon intendant.

Maître Luc Morfil montra bientôt pour la deuxième fois, à la porte entre-bâillée, sa mine rougeaude, souriante et pateline. Il s'avança en faisant, de trois en trois pas, une courbette, et se tint debout devant Plougaz.

— Maître Luc, dit celui-ci, qu'avez-vous fait hier?

— J'ai exécuté vos ordres, monseigneur.

— Quels ordres?

— Monseigneur m'a ordonné de faire crier la vente prochaine de Coquerel...

— J'ai ordonné cela?

— Oui, monseigneur... et de chercher des acheteurs.

— Êtes-vous bien sûr, maître Luc, que j'aie ordonné cela? L'intendant répondit encore : — Oui, monseigneur.

— Eh bien, maître Luc, reprit Plougaz, je crois que vous avez raison. J'ai souvenir de quelque chose de semblable... Et j'espère qu'on n'a point encore pu crier la vente?

— Si fait, monseigneur.

— Du moins vous n'avez pas trouvé d'acheteur?

— Si fait.

Plougaz se leva et fit deux fois le tour de la salle en sifflant l'air d'une vieille fanfare. Ensuite il s'accouda sur l'appui d'une fenêtre, et regarda les nuages gris qui couraient au ciel. Maître Luc le suivait de l'œil comme un chat qui guette sa proie.

— Tu as beau faire, pensait-il, tu es pris par le cou. Plus tu te démèneras, plus vite tu seras étranglé.

— Quelle heure est-il? demanda tout à coup M. de Plougaz.

— Onze heures avant midi, monseigneur.

— Il est temps encore!... maître Luc, mon ami, montez sur votre mule et allez à Bécherel. Vous ordonnerez au crieur de proclamer à son de trompe qu'on ait à tenir pour nulle et non avenue sa première publication...

— Y pensez-vous! voulut dire l'intendant.

— Ensuite, continua paisiblement M. de Plougaz, vous vous rendrez auprès de l'acheteur que vous avez trouvé. Vous lui direz qu'il ne prenne point souci de tirer ses écus de son coffre-fort... Je garde mon joli château de Coquerel.

L'intendant poussa un profond soupir.

— Mais, dit-il d'un air découragé, quelle raison donner?

— Mon bon plaisir, maître Luc.

— Encore faut-il...

— Maître Luc, je vous permets de dire que vous êtes sujet à des accès de folie, et que votre folie est de vouloir vendre Coquerel.

— L'acheter plutôt! pensa Luc... Monseigneur, ajouta-t-il tout haut, je m'empresse de vous obéir, mais... qui sait si vous ne changerez point d'avis?

— Je déteste les *mais*, maître Luc.

— Hélas! monseigneur, c'est la première fois que je discute vos ordres.

— C'est une fois de trop.

— Si le malin esprit...

Plougaz regarda son intendant en face, et celui-ci perdit ses fraîches couleurs. Il n'eut point la force d'achever. Le vieux seigneur réfléchit quelques instants.

— On dirait, maître Luc, reprit-il après un silence, que vous connaissez les intentions de l'esprit malin?

— A Dieu ne plaise! murmura Morfil en se signant.

— Allez faire préparer votre monture. Avant de partir vous reviendrez chercher mes derniers ordres.

Maître Luc ne se frotta point les mains en descendant le grand escalier de Coquerel. Cette journée ne valait point celle de la veille. Le joli château lui glissait entre les doigts. Néanmoins, il ne perdit pas courage, et résolut de combattre jusqu'au bout.

— Demain, se disait-il, la tour du Diable aura fait des siennes, et Plougaz ne sera plus si intraitable.

Quand il eut mis le licou et le bât à sa mule, il revint au salon à manger. Une idée nouvelle semblait avoir traversé l'esprit du vieux châtelain, qui avait pris un air de joyeuse détermination.

— Il y a de braves gentilshommes dans le pays de Dinan, maître Luc! s'écria-t-il en le voyant entrer. De par le sang de Yan Plugastel, mon bienheureux aïeul, nous en trouverons dix pour un qui voudront tenter l'aventure!

— Quelle aventure? demanda le Normand inquiet.

— Monseigneur Bertrand du Guesclin, le redouté connétable, n'a pas emporté dans sa tombe tout le bon sang de nos veines, continua M. de Plougaz au lieu de répondre. Nous avons la tête dure et le cœur chaud... Ah! maître Luc, Satan verra beau jeu!

Morfil se sentit venir la chair de poule.

— Nous le combattrons, maître Luc! ajouta Plougaz. Vive Dieu! nous le combattrons avec le ciboire et avec l'épée : les armes du ciel et les armes de la terre... Ah! ah! quand Plougaz se réveille, gare à ses ennemis!

— Le ciboire, passe encore, pensa Morfil, mais l'épée!...

— Et sur ce, maître, allez chercher l'acquéreur dont vous avez fait la trouvaille. Si je suis vaincu dans la lutte, il sera là tout prêt pour acheter Coquerel. Pendant votre absence, tous mes gens vont monter à cheval et convoquer mes nobles amis. C'est fête, ce soir, au joli château, maître Luc. Après souper, je proposerai au plus vaillant de coucher dans la tour du Diable, en compagnie de monsieur mon cousin, le prieur de Saint-Pierre-en-Plesguen... Ah! ah!... allez-vous-en, maître Luc!

Une demi-heure après, trente serviteurs de Plougaz portaient à franc étrier les invitations de leur seigneur. Le joli château était en bonne odeur dans toute la contrée pour ses splendides festins. Tous les invités acceptèrent.

Maître Luc, de son côté, pressait le trot de sa mule sur la route de Dinan, et cherchait en sa tête un moyen de conjurer l'orage. S'il ne s'était agi que de braver l'exorcisme du vénéré prieur de Saint-Pierre-en-Plesguen, le Normand n'eût point été fort embarrassé; mais l'épée d'un gentilhomme, — du plus vaillant, avait dit M. de Plougaz, — comment mépriser semblable chose?

Néanmoins, il n'y avait pas à reculer; la crise qui se préparait devait être décisive. Il fallait vaincre ou renoncer pour jamais au joli château de Coquerel.

Quand il souleva le marteau de la boutique de son compère le procureur, la grande fille aux yeux gris vint lui ouvrir, et lui souhaita la bienvenue d'un air embarrassé.

— Je suis pressé, dit l'intendant; où est maître Roch Requin, ma fille?

— Mon père est occupé, répondit l'héritière du procureur, qui jeta un coup d'œil furtif sur les mains de maître Luc pour voir s'il ne lui apportait point un ruban de velours.

— A cela ne tienne!... entre compères, on ne se gêne pas
L'intendant écarta sans façon la grande fille et entra. Le réduit de maître Roch Requin, éclairé par une seule fenêtre dont les carreaux poudreux ne laissaient point passer beaucoup de lumière, jouissait d'un demi-jour qui eût admirablement convenu au boudoir d'une coquette émérite. Au milieu de la chambre, on voyait assez distinctement les objets; mais, dans les angles et à l'ombre des meubles massifs de chêne noir, on ne voyait rien du tout. Cette circonstance fut cause que maître Luc n'aperçut point en entrant deux hommes et un chien qui se collèrent à la muraille, abrités contre le jour par la saillie d'un bahut séculaire.

— A bas, Pluto! murmura sourdement un de ces hommes.
Le chien s'affaissa sur ses pattes, mit son museau dans la poussière, et demeura immobile, inanimé.

— Eh! bonjour, compère! s'écrièrent en même temps maître Roch Requin et maître Luc Morfil.

Ils s'embrassèrent avec une satisfaction passionnée, comme font les gens qui ne se peuvent point souffrir.

— Compère, ajouta enfin maître Luc, vous êtes invité à vous rendre ce soir au château de Coquerel.

—Pour quoi faire?

— Pour acheter le manoir, compère, s'il plaît à Dieu, et avec l'aide du bienheureux évangéliste, mon saint patron.

— Diable!... diable!... dit maître Roch.

Maître Luc pirouetta sur lui-même, et fit mine de vouloir commencer une promenade autour de la chambre, ce qui l'eût amené sans aucun doute, à découvrir les yeux cachés derrière le bahut.

— Compère! s'écria le procureur en retenant dans sa main crochue le pourpoint de l'intendant, restez en place si vous voulez que nous raisonnions ensemble. J'ai le système nerveux délicat, et tombe du haut mal quand on remue trop autour de moi.

Maître Luc prit un siége et s'assit.

— Vous disiez donc, continua Requin avec un soulagement évident, que vous aviez fait hier un heureux voyage?

— Je ne parlais point de cela, compère. Je disais : Il faut que vous veniez ce soir au château.

— A bien réfléchir, je n'y vois pas d'empêchement, compère... Vous tiendrez les mille écus prêts?

— Sans doute.

— Et vous épouserez ma fille?

— Avec plaisir.

— C'est un trésor que je vous donne là, compère.

— Vous me l'avez déjà dit! murmura l'intendant avec humeur... Au revoir, maître Roch, et ne vous faites point attendre.

Tandis qu'il se dirigeait vers la porte, maître Roch le suivit d'un air narquois et vainqueur.

Dès qu'il fut parti, Pluto secoua les longues soies de son cou et se redressa. Les deux hommes sortirent de leur cachette.

— Vous voyez, monseigneur, dit maître Roch à l'un deux, que je ne vous avais point trompé... J'espère que la franchise de mon aveu protégera ma tête.

— Il me faut pour ce soir deux bons chevaux, un habit complet de gentilhomme, et un masque de velours, dit le jeune seigneur qui semblait rêver.

— Vous les aurez.

— Il me faut, pour mon compagnon, un masque aussi et un habit d'écuyer.

— Je serai trop heureux de vous les offrir.

—Tu seras payé plus tard, maître... Que les chevaux soient de bon sang et les habits magnifiques.

Maître Roch sortit pour obéir. Les deux hommes l'attendirent en silence : le chien s'étendit à leurs pieds.

Quand vint le soir, le joli château s'illumina du sol au faîte. Plougaz n'avait point perdu son temps pendant que ses gens couraient les chemins. Une table splendidement couverte de mets de toutes sortes étaient dressée dans la grande salle. Les lustres et girandoles étaient allumés. Sur chaque marche du perron, un homme d'armes, porteur d'une torche enflammée, éclairait la cour.

Bientôt on entendit un bruit de cavalcade. Le pas ferme et vif des nobles chevaux battait au loin la lande. Ensuite le bruit s'étouffa sur le gazon de l'avenue; puis il retentit plus sec et plus éclatant sur le pavé de la cour.

C'étaient les invités de Plougaz qui se rendaient à son appel. Maître Luc, retiré dans un coin obscur, en compta trente, et mesura de l'œil trente épées, dont la plus courte lui sembla d'une longueur extraordinaire.

Ils arrivaient l'un après l'autre : leurs chevaux exercés s'arrêtaient court au bas du perron. Ils jetaient la bride à leurs écuyers, et, sautant sur le sol, faisaient sonner les mollettes d'or de leurs éperons. C'était, en vérité, un beau spectacle de voir la mine fière de tous ces nobles hommes. Leurs visages, éclairés par la rouge lumière des torches, semblaient plus hautains, leurs costumes plus pittoresques. Le vent du soir faisait onduler doucement les longues plumes de leurs feutres, tandis qu'ils montaient les marches du perron. Le prieur de Saint-Pierre en Plesguen ne vint pas.

La cuisine aussi avait son air de fête. Un véritable incendie brûlait dans l'âtre, et c'est à peine si la vieille Anne, au milieu des vases de toute sorte et des broches superposées, pouvait trouver assez de place pour brûler à l'aise ses orteils insensibles, et tourner le manche de son rouet. Elle restait morne et silencieuse au milieu du fracas et du mouvement. L'odeur des viandes ne semblait point affecter son odorat; le bruit n'arrivait point jusqu'à son oreille. Peut-être son esprit voyageait-il dans ces espaces mystérieux qui sont le monde des sorciers. Peut-être, tandis que ses pieds touchaient encore la terre des vivants, son âme essayait-elle déjà les sentiers inconnus du domaine des morts.

Les gens de Coquerel avaient oublié leurs terreurs. Cette nuit de répit que Satan avait donnée au château pouvait être un commencement de paix définitive. Les plus poltrons retrouvaient courage. C'était un mouvement général, une activité universelle, une joie contagieuse et bruyante. Il n'y avait d'insensibles que la vieille Anne et Yvonne, la fiancée de Yaumi, qui se cachait pour verser des larmes.

M. de Plougaz, debout au milieu de son salon, recevait ses hôtes avec respect, cordialité ou condescendance, suivant qu'ils étaient ses supérieurs, ses égaux ou ses inférieurs; mais il gardait toujours, envers tous, une grave et irréprochable courtoisie, parce que, en dehors des distinctions accidentelles ou natives, il y avait entre tous une égalité fondamentale : il était entouré de ses pairs. Quand le dernier invité fut entré, on ferma la porte extérieure et le festin commença.

Il est à peine besoin de dire que les convives s'acquittèrent comme il faut de leur joyeux devoir. Les mets disparaissaient; les coupes s'entre-choquaient sans relâche, et l'esprit breton, peu délicat de sa nature, mais susceptible néanmoins de produire, — de temps à autre, — un bon mot douteux, une pointe émoussée, ou un coq-à-l'âne renouvelé des Troyens, l'esprit breton, disons-nous, faisait ce soir-là merveilles. M. de Plougaz, lui seul, fit soixante-quatorze calembours, au dire de la chronique où nous puisons cette histoire. Il lança tant de sarcasmes à Judicaël Trévesron, chevalier de Conantruiltz, riche capitaliste, que ledit chevalier tira trois ou quatre fois à moitié son épée de deux aunes. Il faut faire observer ici que ledit Trévesron, capitaliste, s'était porté récemment acquéreur du manoir de Coatvizillirouët, cepourquoi M. de Plougaz lui gardait une dent légitime.

Au second service, au moment où l'allégresse générale était à son comble, Plougaz manda son intendant. Morfil parut aussitôt, dans son costume des grands jours et portant au cou la chaîne d'argent officielle.

— Maître Luc, lui dit M. de Plougaz, va me chercher cet acquéreur que tu as trouvé pour mon château de Coquerel.

Tous les convives ouvrirent de grands yeux. Maître Luc obéit.

— Eh quoi! Plougaz, dit un bâtard de Porhoët, tu veux vendre le joli château, mon vieux compagnon!

— Vendre Coquerel! répéta l'assemblée stupéfaite.

— Le diable m'y force, messieurs, dit Plougaz avec calme.

On se méprit au sens de ces paroles.

— Je vous prêterai dix mille livres, — mille ducats, — dix mille écus! s'écria-t-on de toutes parts.

Voilà ce qui fut dit; nous l'affirmons en conscience. L'eût-on fait le lendemain? Ceci est une question ardue.

Maître Luc rentra, tenant par la main maître Roch.

— Le procureur! dit-on avec dégoût. Vendre à un gratte-parchemin le plus gentil fief de la contrée!...

Et l'on se reprit à dire de plus belle :

— Plougaz, je vous prêterai vingt mille livres, — deux mille ducats, — vingt mille écus!

Le chevalier de Conantruiltz fut le seul qui ne dit rien. Pour cette raison, il ne fit point de mensonge.

— Je ne veux pas de votre argent, mes loyaux compagnons, répondit Plougaz, — mais je vous demande vos services.

— Que faut-il faire?

— Vous m'avez mal compris. Ecoutez.

Ici M. de Plougaz raconta ce qui se passait, chaque nuit, à la tour du Diable. Pendant qu'il faisait ce récit, une demi-douzaine de convives disparurent à petit bruit.

— Ce qu'il faut faire? demanda-t-il en finissant; il faut que l'un de vous couche cette nuit à la tour du Diable.

L'intrépidité est en Bretagne une qualité banale, mais l'intrépidité bretonne ne sait braver que les dangers matériels. Parmi tous ces guerriers, dont le moins vaillant eût volontiers combattu dix hommes en champ clos, il n'y en eut pas un qui ne frémît à la proposition de Plougaz.

— Vous ne répondez pas! reprit celui-ci avec inquiétude et reproche.

— Mon voisin, dit le chevalier de Conantruiltz, je vous présente mes civilités... Au revoir, messieurs mes amis!

Il sortit. Quelques autres imitèrent son exemple. Vingt convives restèrent autour de la table.

— Il faudra donc vendre le joli château de Coquerel! prononça tristement M. de Plougaz.

Maître Luc avait peine à contenir sa joie; maître Roch ne disait rien et ne pensait point davantage.

Tout à coup, le bâtard de Porhoët frappa joyeusement la table de son gantelet.

— Par saint Guignolé, messieurs! s'écria-t-il, le joli château ne sera point vendu, et Plougaz aura raison de son ténébreux ennemi. Nous voilà, en cette salle, vingt honnêtes seigneurs qui craignons Dieu, mais rien autre chose. Ne pouvons-nous coucher tous ensemble dans la chambre hantée?

Maître Luc mordit sa mince lèvre jusqu'au sang.

Au moment où le bâtard avait pris la parole, la porte s'était doucement ouverte. Un gentilhomme, richement vêtu et le visage couvert d'un masque de velours, parut sur le seuil et s'y arrêta, inaperçu. Derrière lui se tenait un écuyer également masqué. Derrière l'écuyer, dans l'ombre, on aurait pu voir deux yeux ronds, rouges et lumineux, les yeux du chien Pluto.

— Eh bien, messieurs, que vous en semble? reprit le bâtard de Porhoët.

Les convives de Plougaz burent une dernière coupe et se levèrent.

— Ainsi soit-il! répondirent-ils. Nous coucherons dans la chambre hantée.

La gentilhomme au masque de velours traversa le salon, suivi de son écuyer, que suivait Pluto. A sa vue, un sourire narquois parut sur la lèvre de maître Roch, qui regarda en dessous maître Luc, son compère.

— Fi! messeigneurs, dit le nouveau venu d'un ton bref et hautain; vingt contre un!... c'est dix-neuf de trop.

Au son de cette voix, maître Luc sentit tressauter son cœur dans sa poitrine; M. de Plougaz lui-même fut ému sans savoir pourquoi.

— Faites faire vos lits, mes vaillants seigneurs, dans des chambres où vous puissiez sommeiller en paix, reprit l'inconnu. Pour l'honneur du pays de Bretagne, je ne souffrirai point que vingt lames soient dégaînées contre une seule arme, fût cette arme la corne de Satan!

— Qui êtes-vous? demandèrent en même temps dix voix courroucées, qui êtes-vous pour oser parler ainsi?

— Mon nom importe peu, messeigneurs, et s'il vous plaît, je ne vous le dirai que demain .. Tenz-vous en paix. Moi, mon écuyer et mon chien, nous coucherons à la tour du Diable.

A ces mots, l'inconnu saisit sur la table un flambeau allumé, et se dirigea vers la porte, choisissant sans hésiter celle qui conduisait à la tour du Nord. Son écuyer marcha sur ses traces, et Pluto suivit l'écuyer. Dans le trouble général, personne ne prit garde au chien.

Les convives restèrent stupéfaits. Plougaz avait mis sa tête entre ses mains. Maître Luc reprit son sourire, maître Roch cligna de l'œil d'une façon très-expressive. Nous pensons que ce procureur en savait plus long qu'il ne lui convenait de le faire paraître.

VI — OU LE DIABLE RIT.

Nous savons que la chambre hantée avait servi autrefois de retraite au jeune monsieur de Plougaz, avant son départ pour la Palestine. Dans la journée, on avait tout préparé pour la rendre habitable. Deux lits étaient dressés. Sur les tables de nuit, deux vases pleins de vin avec leurs coupes d'argent, invitaient les hôtes de Coquerel à boire le coup du soir avant de s'endormir.

Or, c'était maître Luc qui avait placé là ces vases, et maître Luc ne faisait rien qu'à bon escient.

L'inconnu et son écuyer entrèrent, toujours suivis de Pluto. Ils se démasquèrent; le maître était Arthur de Plougaz; le serviteur était Yaumi.

Arthur promena son regard triste et morne autour de la chambre.

— La dernière fois que j'ai vu ces peintures et ces tapisseries, pensa-t-il, elles étaient vives et brillantes; mon cœur était jeune et chaud... les années ont passé sur tout cela. J'ai pénétré les mystères de la vie... mon cœur s'est flétri comme se sont fanées ces peintures.

Quand Arthur et Yaumi eurent dévotement fait leur prière du soir, ils burent une coupe de vin pour se donner de la force en cas d'attaque nocturne, et se jetèrent sur leurs couches tout habillés, tenant à la main leurs épées nues. Pluto s'était silencieusement glissé sous le lit d'Arthur.

A peine le maître et le serviteur étaient-ils couchés qu'ils tombèrent en un sommeil de plomb. Maître Luc avait mêlé au vin placé sur leurs tables une boisson narcotique; depuis dix heures jusqu'à minuit, ils ronflèrent à l'envi l'un de l'autre.

A minuit, maître Luc, le visage noirci et la tête coiffée de cornes effrayantes à voir, entra par la porte dérobée; il apportait tout son attirail : chaînes, résine, ferrailles, etc., etc. On devine qu'il n'avait point oublié son petit poignard.

Il s'approcha du lit à pas de loup.

— Ce sont bien eux, dit-il après les avoir contemplés pendant une seconde.

Il déposa son fardeau et tira son poignard.

— A tout prendre, murmura-t-il, ma conscience ne sera ni plus ni moins chargée, puisque je croyais les avoir tués tous deux.

En conséquence de cet argument, maître Luc dépêcha Yaumi pour l'autre monde à l'aide son petit poignard. Cette fois il eut soin de frapper comme il faut, afin de n'avoir point encore à recommencer.

Restait Arthur de Plougaz. Au moment où Morfil se retournait pour s'occuper de lui, un grognement étouffé se fit entendre. Maître Luc tendit l'oreille et s'arrêta.

— Bah! pensa-t-il après une minute d'anxiété, ce sont mes oreilles qui tintent.

Il leva le bras et écarta les couvertures du lit de Plougaz. Un second hurlement sembla percer le plancher.

Néanmoins maître Luc frappa Arthur. Le jeune seigneur poussa un grand cri et rendit l'âme. A ce cri, Pluto bondit hors du gîte qu'il s'était fait sous le lit de son maître, et mit ses deux pattes sur la couverture. Morfil, à son aspect, avait reculé jusqu'à l'autre bout de la chambre. Le chien lécha la blessure saignante et jappa plaintivement.

Luc avait peur; il voulut se glisser le long de la muraille et gagner la porte secrète. Mais à peine avait-il fait la moitié du chemin que Pluto, quittant tout à coup le lit, sauta au milieu de la chambre et lui barra le passage.

L'homme et le chien se regardèrent. Jamais la rouge prunelle de Pluto n'avait été d'un écarlate aussi ardent. C'étaient deux globules de feu qui rayonnaient sous les poils hérissés de ses paupières. Il avait ramassé sous lui ses musculeux jarrets; son ventre touchait le sol.

Maître Luc se prit à trembler comme la feuille; ses dents claquèrent; le poignard s'échappa de sa main.

— Grâce, Pluto! grâce! s'écria-t-il affolé par sa terreur.

Pluto gronda sourdement, ouvrit sa large gueule, et s'éleva sur ses jarrets tendus. — Puis il saisit l'intendant par le cou, et fit jouer ses puissantes mâchoires.

Maître Luc devint livide, puis rouge, puis violet. Quand Pluto lâcha prise, il tomba lourdement à la renverse.

De compte fait, il y avait là trois morts. Pour lequel d'entre eux était le *cierge?*

Ici la tradition se bifurque en deux versions, dont l'une est merveilleuse et l'autre naturelle.

Comme de raison, la première est la plus accréditée. La voici:

On ne trouva qu'un seul cadavre dans la tour du Diable: celui de maître Luc Morfil. Personne n'entendit parler jamais du chevalier qui avait couché dans la chambre hantée, ni de son écuyer.

Quelques mois après, M. de Plougaz reçut de Terre sainte une missive qui lui annonçait la mort de son fils. Cette mort avait eu lieu le jour où les gens de Coquerel virent un cierge planer au-dessus des cheminées du joli château. De là les habiles infèrent que le chevalier et son écuyer étaient les spectres du jeune Plougaz et du pauvre Yaumi. Les deux victimes de l'intendant avaient soulevé la terre de la tombe afin de se venger.

Pluto n'était autre chose qu'un démon subalterne qui attendait le trépas de maître Luc pour emporter son âme en enfer.

Voici la seconde version:

M. de Plougaz fit enterrer en grande pompe son unique héritier; Yaumi eut une humble croix au cimetière, et l'on vit bien souvent Yvonne agenouillée au pied de cette croix. — Le corps de maître Luc fut jeté aux corbeaux, mais les corbeaux ne voulurent point du corps de maître Luc.

Depuis ce jour, nulle apparition diabolique ne troubla le joli château de Coquerel.

Pluto, le fidèle animal, vécut de longs jours et fut honorablement empaillé.

Comme le nom de Plougaz ne s'éteignit que trois ou quatre siècles après, on doit croire que le vieux seigneur prit femme, comme c'est le devoir d'un noble homme qui voit mourir son héritier. Il trouva dans l'armoire de fer de maître Luc de quoi payer les frais de la noce.

Les frais de la noce payés, il resta encore tant d'écus dans l'armoire, que Plougaz fit réparer la chapelle du joli château, et retira des mains de Conantruiltz son manoir de Coatvizillirouët, dont il cessa subitement de trouver le nom ridicule.

Quant à la vieille Anne Parker, elle atteignit un âge si invraisemblable que nous n'osons point le dire. Les arrière-petits-fils des personnages de cette histoire la virent remuer les lèvres sans parler, rôtir ses orteils dans les cendres, et filer sans chanvre ni quenouille.

De temps à autre, tous les dix ou quinze ans, elle retrouvait la parole pour demander des nouvelles de Simon Troarec, le bel intendant de Plougaz. Un jour, à l'heure de vêpres, elle cessa de tourner son rouet, et se prit à chanter

> Le soir, on danse sur l'aire,
> Sur l'aire à battre le blé:
> Ah! c'est qu'il fait bon sauter,
> Quand vient la brune...
> Et vous, gars à marier,
> Cherchez fortune.

Tandis qu'elle chantait ainsi, la flamme du foyer toucha par hasard le bord de sa jupe. La vieille s'embrasa aussitôt et fut consumée en un clin d'œil comme un paquet de paille desséchée.

Entre Bécherel et Dinan, l'opinion générale est que, sans cet événement fortuit, la vieille Anne Parker existerait encore

FIN DE LA TOUR DU DIABLE.

VERSAILLES. — IMPRIMERIE DE CERF, RUE DU PLESSIS, 5C.